신박하고 똑소리나는
그림책 한글 놀이

그림책 한글 놀이

초판 1쇄 발행 2023년 9월 19일

지은이 | 홍진선

발행인 | 최윤서
편집장 | 김은아
디자인 | 김수경
마케팅 지원 | 최수정
펴낸 곳 | (주)교육과실천
도서문의 | 02-2264-7775
인쇄 | 031-945-6554 두성 P&L
일원화 구입처 | 031-407-6368 (주)태양서적
등록 | 2020년 2월 3일 제2020-000024호
주소 | 서울특별시 중구 창경궁로 18-1 동림비즈센터 505호
ISBN 979-11-91724-33-2 (13370)

책값은 뒤표지에 있습니다.
저작권법에 따라 한국 내에서 보호를 받는 저작물이므로 무단 전재 및 복제를 금합니다.

신박하고 똑 소리 나는
그림책 한글 놀이

홍진선 지음

교육과실천

추천의 글

우리나라 유아 교육의 핵심 중 하나는 놀이 중심 교육과정입니다. 아이들은 놀이를 통해 배우기 때문입니다. 아이들에게 놀이는 단순한 경험이 아니라 세상을 살아가며 만나는 수많은 문제를 해결하고 배워 가는 삶의 방식입니다. 놀이는 아이들이 주도적으로 참여하게 하며 앞으로 살아갈 세상에 대한 나름대로의 배움 그 자체로, 유아의 발달에 필수입니다.

2022 개정 교육과정에서 한글 교육은 초등학교 1학년부터 2학년까지 반복해 배우게 됩니다. 하지만 많은 보호자들이 어느 정도 한글을 익히고 초등학교에 입학시키고 싶어하는 것도 사실입니다. 아이들에게 한글을 직접 알려 주기보다 놀이를 통해 '즐겁게 한글을 경험하도록 하는 것'이 중요하다고 생각합니다.

〈그림책 한글 놀이〉는 아이들이 즐겁게 놀이하며 한글을 경험할 수 있도록 도와줍니다. 생활 속에서 한글을 찾아보는 활동부터 그림책을 활용하여 한글을 경험하는 활동, 한글을 이용한 그리기, 만들기 놀이까지 구체적으로 다양한 한글 놀이를 알려 줍니다.

'써니쌤'으로 널리 알려진 저자 홍진선 선생님은 유치원 현장에서 교육 실천가이자 연구자, 교육 콘텐츠 제작자로 이미 많은 교사들과 유아 교육 발전에 도움을 주고 있습니다. 우리나라 유아 한글 교육에 많은 도움을 준 오랜 실천과 고민의 결과인 〈그림책 한글 놀이〉를 마음을 다해 추천합니다.

_ 김차명 / 현 광명서초등학교 교사, 전 경기도교육청 장학사, 참쌤스쿨 대표, 경기실천교육교사모임 회장

• • •

이 책은 그림책을 읽고 연계한 한글 놀이를 통해 아이들에게 한글에 대한 관심을 불러일으키고, 해득의 과정을 즐겁게 경험하도록 합니다.

예를 들자면, 먼저 얼룩말 아빠와 당나귀 엄마 사이에서 태어난 제동크의 이야기가 담긴 그림책 〈내 이름은 제동크〉를 통해 '맞고 틀림'이 아니라 '다름'을 생각해 보게 합니다. 이어서, 그림책과 연계한 활동으로 '한 걸음 이름 만들기' 놀이를 소개합니다. 한글을 접하는 아이들이 자신의 이름을 통해 한글의 모양과 소리를 함께 배울 수 있습니다. 이렇게 〈그림책 한글 놀이〉는 아이들이 한글에 첫발을 내딛는 순간을 아름답고 신비로운 세계로 만들어 줍니다.

또한 〈구름 놀이〉, 〈여덟 살 오지 마!〉, 〈기차 ㄱㄴㄷ〉 등의 그림책은 아이들이 한글과 친해지는 데 큰 도움을 줍니다. 흥미로운 이야기로 한글을 다루는 다양한 그림책을 읽으며 아이들은 생활에서 한글을 발견하고 언어에 대한 즐거움을 느끼게 될 것입니다.

한글을 즐겁게 경험하도록 하는 그림책 활동이 유아에게 미치는 효과는 매우 큽니다. 아이들은 그림책을 보며 흥미롭게 한글을 접하고 관심을 높일 수 있습니다. 시각적 효과가 큰 그림책을 활용한 한글 놀이는 아이들을 몰입하게 하고, 한글에 대한 긍정적인 인식을 갖게 하며, 자존감을 성장시킵니다. 호기심과 궁금함, 자신감을 갖고 한글을 배우는 일에 적극성을 발휘하도록 합니다. 이 책에 실린 다양한 그림책 한글 놀이가 아이들의 언어 발달과 사회성, 그리고 인격의 성장에 큰 도움을 주리라 기대합니다.

한글을 사랑하고 아이들을 사랑하는 교육자로서 이 책을 적극 추천합니다. 이 책을 통해 아이들에게 한글에 친숙해지고 행복해지는 삶을 안내할 수 있을 것입니다. 우리 아이들과 함께 행복한 그림책 한글 여행을 지금 바로 떠나 보세요.

_ 김택수 / 경희사이버대학교 한국어문화학부 겸임교수

・・・

많은 유치원 교사들이 한글 놀이의 필요성을 느끼지만, 편안한 마음으로 실천하는 교사가 얼마나 될까요? 아이들이 놀이를 통해 한글을 만나도록 해 주고 싶지만, '어떻게 해야 할지' 막막함을 느끼곤 합니다.

〈그림책 한글 놀이〉는 선생님들의 이런 어려운 마음을 헤아리듯, 유아 수준에 알맞은 한글 놀이를 고민하고 교실에서 직접 실천해 본 경험을 세심하게 담아 냈습니다. 그림책을 활용해 아이들과 함께 놀이할 수 있는 다양한 방법을 소개할 뿐 아니라, 아이들이 자연스럽게 한글에 물들며 배움을 경험하는 모습을 생생한 사진으로 보여 줍니다. 한 권의 그림책을 읽고 여러 한글 놀이를 했던 사례를 놀이 방법부터 팁까지 잘 알려 주어 우리 반, 우리 아이들의 수준을 고려하여 실천해 볼 수 있습니다.

그림책 한글 놀이를 친절히 풀어 낸 이 책을 살펴보며 어느새 그림책 한글 놀이에 도전해 보고 싶어진 자신을 발견할 수 있을 것입니다. 책 속에 담긴 다양한 아이디어를 통해 여러분만의 그림책 한글 놀이 이야기를 펼쳐 나가시길 바랍니다. 즐거운 한글 교육이 시작되는 곳이 바로 우리 교실이 될 것입니다.

_ 이하영 / 하선생유치원 운영자, 배곧누리유치원 교사

유치원을 졸업하고 지금은 초등학교에 다니는 아이가 한번은 이렇게 말했습니다.

"엄마! 학교는 유치원보다 일찍 끝나는데 시간이 더 길게 느껴져. 유치원은 시간이 너무 빠르게 지나간다고 느꼈는데, 신기하지?"

홍진선 선생님 수업을 들었던 아이는 아직도 유치원 때 신나게 놀며 한글을 배웠던 기억을 떠올립니다. 그림책을 접하는 것만으로도 즐거운 배움일 수 있는데, 거기에 놀이로 경험을 더한 아이에게 유치원은 즐거운 곳으로 기억에 남았습니다.

그림책과 놀이로 한글을 즐겁게 경험하도록 항상 연구해 온 홍진선 선생님의 〈그림책 한글 놀이〉를 따라 하며 즐거운 배움이 무엇인지 알 수 있을 것입니다. 이 책을 한글 배움의 교본으로 삼아 놀이로 한글을 접하는 소중한 기회를 아이들에게 꼭 선사하길 바랍니다.

— 김미소 / 졸업생 학부모

...

한글을 잘 알지 못했던 우리들이 한글을 쉽게 접할 수 있었던 이유는, 선생님께서 아이들의 수준에 맞춰 놀이로 쉽게 다가갈 수 있게 관심을 끌어 주신 덕분이라고 생각합니다. 여러 가지 놀이와 게임을 하며 한글을 배우고, 친구들과도 더 친해지고, 상상력과 표현력, 관찰력 등도 기를 수 있었습니다. 다채로운 놀이 활동으로 한글을 처음 접하는 우리들의 시선을 사로잡았던 수업, 잊지 못할 수업으로 기억합니다. 선생님, 고맙습니다.

— 이수아 / 초등 3년, 홍진선 선생님의 제자

차례

추천의 글

여는 글 그림책과 놀이로 즐겁게 한글을 경험해요 •13

1장 – 한글이랑 만나요!

그림책 〈숨바꼭질 ㅏㅑㅓㅕ〉 •18
모음 숨바꼭질 20 • 나는야 모음대왕 22

그림책 〈숨바꼭질 ㄱㄴㄷ〉 •24
우리 동네에서 자음 찾기 26 • 자음 숨은 그림 그리기 28
한글을 찾아서 찰칵! 30

그림책 〈요렇게 해봐요 - 내 몸으로 ㄱㄴㄷ〉 •32
도전! 5초 ㄱㄴㄷ 34

그림책 〈손으로 몸으로 ㄱㄴㄷ〉 •36
손으로 몸으로 ㄱㄴㄷ 만들기 38 • ㄱㄴㄷ 릴레이 퀴즈 40
우리 주변에서 점자 찾아보기 42

그림책 〈주무르고 늘리고〉 •44
밀가루로 만드는 ㄱㄴㄷ 46

그림책 〈변신! ㄱㄴㄷ〉 •48
짝꿍을 찾아라! + 내 이름, 거기 서! 50

그림책 〈동물 친구 ㄱㄴㄷ〉 •52
동물 꽃이 피었습니다 54 • 자음 연결 기차 56

그림책 〈생각하는 ㄱㄴㄷ〉 •58
나는야 한글 디자이너 60

2장 - 한글이랑 놀아요!

그림책 〈아빠하고 나하고〉 • 64
아야어여 풍선 옮기기 66 • 우리가 만드는 아야어여 낱말 카드 68

그림책 〈펭토벤과 아야어여〉 • 70
아야어여 포스트잇 모으기 72

그림책 〈놀자! 가나다〉 • 74
병뚜껑 가나다 76 • 한글 컬링 78 • 한글 볼링 80 • 가나다 랩 82

그림책 〈내 이름은 제동크〉 • 84
한 걸음 이름 만들기 86 • 친구 이름 내 이름 크로스! 88

그림책 〈소리치자 가나다〉 • 90
물건으로 만드는 가나다 92

그림책 〈가나다 아저씨〉 • 94
자연물로 만드는 가나다 96

그림책 〈가나다는 맛있다〉 • 98
가나다 음식 월드컵 100 • 생쥐 요리사의 마지막 음식은 바로~ 102

그림책 〈바다로 간 곰〉 • 104
내 이름 디자인 106 • 자르고 붙이고 낱말 만들기 108

그림책 〈고구마구마〉 • 110
고구마 이름 지었구마 112

그림책 〈고구마유〉 • 114
고구마유 말투로 말해 봐유 116 • 내 방귀에 초능력이 있다면? 118

그림책 〈간장 공장 공장장〉 • 120
재미있는 말놀이(절대 음감 + 빠른 말놀이) 122

그림책 〈딩동 거미〉 • 124
딩동! 퀴즈 놀이 126 • 거미를 피해 글자를 모아라! 128

3장 - 한글이랑 친해져요!

그림책 〈요리요리 ㄱㄴㄷ〉 • 132
ㄱㄴㄷ 샌드위치 만들기 **134**

그림책 〈표정으로 배우는 ㄱㄴㄷ〉 • 136
의성어·의태어 표현 놀이 **138**

그림책 〈별을 삼킨 괴물〉 • 140
나의 괴물 친구 만들기 **142** • 친구에게 장점별을 선물해요 **144**

그림책 〈움직이는 ㄱㄴㄷ〉 • 146
움직이는 ㄱㄴㄷ 표현 놀이 **148** • 내가 그리는 움직이는 ㄱㄴㄷ **150**

그림책 〈맛있는 ㄱㄴㄷ〉 • 152
누가 무엇을 먹을까? **154**

그림책 〈어서 오세요! ㄱㄴㄷ 뷔페〉 • 156
ㄱㄴㄷ 점심 **158** • 우리 유치원 점심 1등 자음 찾기 **160**
주문하신 음식 나왔습니다! **162**

그림책 〈휘리리후 휘리리후〉 • 164
거꾸로 한글 놀이 **166** • 거울로 한글 놀이 **168** • 거울 거꾸로 미션 게임 **170**

그림책 〈꿀떡을 꿀떡〉 • 172
같은 소리 다른 뜻 이야기 짓기 **174**

그림책 〈문장 부호〉 • 176
과자 속 문장 부호를 찾아라 **178** • 과자로 문장 부호 만들기 **180**

4장 – 한글이랑 이야기해요!

그림책 〈딴생각하지 말고 귀 기울여 들어요〉 •184
경청 전화기 만들기 186 • 귓속말 전달 게임 188 • 왱왱이 말벌레 퇴치 작전! 190

그림책 〈난 책이 좋아요〉 •192
내가 가장 좋아하는 책을 소개합니다 194 • 서점으로 떠나는 그림책 여행 196

그림책 〈나는 자라요〉 •198
가장 귀여운 사진에 투표해 주세요! + 나의 성장 앨범 만들기 200
찰칵! 누구일까요? + 부모님의 성장 앨범 만들기 202
나는 자라요 204 • 느리게 가는 그림 편지 206

그림책 〈욕심쟁이 딸기 아저씨〉 •208
딸기 아저씨의 표정 따라 하기 210 • 표정 주사위 게임 212
감정 이모티콘 만들기 214

그림책 〈강아지 복실이〉 •216
내가 그림책의 주인공이 된다면? 218 • 내가 받고 싶은 생일 선물 만들기 220

그림책 〈아빠가 아플 때〉 •222
그림책 장면 카드 게임 224 • 그림책 속 아빠와 우리 아빠를 비교해요 226
우리 아빠를 위한 선물 만들기 228

그림책 〈발가락〉 •230
내 발가락은 무엇으로 변신할까? 232 • 만약 내가 발가락이 된다면? 234
같으면서 다른 우리 가족의 발 236

그림책 〈구름 놀이〉 •238
구름 연상 그림 그리기 240 • 의성어·의태어로 이야기 짓기 242
소원 구름 만들기 244

그림책 〈숲속 재봉사〉 •246
만약 내가 숲속 재봉사라면? 248

그림책 〈동물들의 장보기〉	•250
내가 그림책으로 들어간다면? 252 • 자연식품 장보기 계획을 세워요 254	
그림책 〈들어 봐! 들리니?〉	•256
주변의 소리를 들어 봐! 들리니? 258	
그림책 〈블록 친구〉	•260
고양이 구출 작전 262	
그림책 〈시골쥐와 감자튀김〉	•264
서울쥐야, 이 음식 먹어 볼래? 266	
그림책 〈우산 대신 OO〉	•268
우산이 없어도 괜찮은 하루였어! 270	
그림책 〈야호, 비 온다!〉	•272
비 대신 눈이 온다면? 274	
그림책 〈여덟 살 오지 마!〉	•276
똑딱! 여덟 살이 되면 278 • 여덟 살 D-day 달력(일력) 280	
그림책 〈고릴라와 너구리〉	•282
ㄱㄴㄷ 자음 이야기 만들기 284	
그림책 〈기차 ㄱㄴㄷ〉	•286
기차 타고 여행을 떠난다면 288 • 낱말 이어 문장 만들기 290	
그림책 〈뭐든지 나라의 가나다〉	•292
우리 반의 통조림 가게 294 • 우리 반 가나다 이야기 만들기 296	
그림책 〈고민 식당〉	•298
전자책을 만들어요 300	
그림책 〈후끈후끈 고추장 운동회〉	•302
삼행시를 만들어요 304	

부록 : 써니쌤의 추천 그림책 •306

여는 글

그림책과 놀이로 즐겁게 한글을 경험해요

　우리나라 교육과정에서 한글 교육은 초등학교 1학년부터 2학년까지 반복해 배우도록 되어 있어요. 하지만 많은 부모들이 초등학교 입학 전에 자녀의 한글 교육에 큰 관심을 갖지요. 이에 따라 유아 교사들도 놀이 중심 교육 속에서 어떻게 한글을 교육할 것인가 고민이 깊어요.
　유아 한글 교육의 목표는 '한글의 완성'이 아닌, '즐거운 한글 경험'에 있다고 생각해요. 2019 개정 누리과정에서는 '유아들이 일상생활에 필요한 의사소통 능력과 상상력을 기를 수 있도록 일상생활에서 듣고 말하기를 즐기고, 읽기와 쓰기에 관심을 가지고, 책이나 이야기를 통해 상상하기를 즐기는 것'을 목표로 하고 있어요.
　〈그림책 한글 놀이〉는 아이들이 즐겁게 이 목표에 다가갈 수 있도록 도와줍니다. 아이들은 자신의 이야기가 담긴 그림책을 통해 기본 생활 습관을 배우고, 올바른 인성을 기르고, 주제에 대한 정보를 습득할 수 있어요. 무엇보다 그림책 속의 흥미진진하고 재미있는 이야기를 접하며 자연스럽게 책과 한글에 관심을 갖게 되지요. 그림책을 읽고 여러 가지 놀이로 자신만의 이야기를 만드는 경험을 해보며 아이들은 맘껏 상상하고, 적극적으로 자기 생각을 표현하는 것을 즐기게 됩니다.

이렇게 구성되어 있어요

이 책은 '한글이랑 만나요!', '한글이랑 놀아요!', '한글이랑 친해져요!', '한글이랑 이야기해요!' 네 개의 장으로 구성되어 있어요. 각 꼭지는 흥미로운 그림책과 함께 다양한 독후 활동을 소개합니다.

'한글이랑 만나요!'에서는 여러 종류의 자모책을 감상하며 한글을 구성하는 자음과 모음의 형태에 익숙해지고, 놀이를 통해 자음과 모음에 관심을 가지는 활동들을 소개해요.

'한글이랑 놀아요!'에서는 자모음을 결합한 낱말로 놀이하고, 말놀이를 하며 한글에 즐거움을 느끼는 활동들을 소개해요.

'한글이랑 친해져요!'에서는 한글의 과학적 특성을 재미있게 발견하고, 여러 가지 놀이를 통해 의성어·의태어, 동음이의어, 동사에 대해 알아보며 어휘력을 키울 수 있는 활동들을 소개해요.

'한글이랑 이야기해요!'에서는 이야기의 흐름과 등장인물을 이해하는 활동, 창의적으로 나만의 이야기를 만들어 표현하는 활동을 통해 문해력을 키울 수 있는 활동들을 소개해요.

소개된 놀이의 순서는 난이도가 아니라 한글 놀이의 주제에 따라 나눈 것이므로, 상황에 따라 지금 우리 아이들과 함께 하고 싶은 놀이를 선택해 주세요.

다음 세 가지 말을 꼭 기억해요

❶ 그림책 놀이하자!

"우리 공부하자!", "우리 놀이하자!" 중에서 아이들은 어떤 말을 더 좋아할까요? 당연히 '놀이'를 더 좋아할 거예요. 한글이 공부가 아닌 놀이로 느껴질 수 있도록 교사가 먼저 '한글 공부를 시킨다'가 아닌 '한글 놀이를 함께 한다'고 생각하는 것이 중요해요. 그림책을 재미있게 읽어 주고, 친구와 소통하며 자유롭게 표현할 수 있는 한글 놀이로 함께해 주세요.

❷ 우리 같이 생각해 볼까?

이야기를 듣고 자기 생각을 표현하는 것은 쉽지 않아요. 함께 생각을 나누며 선생님이나 친구들의 생각을 듣고 생각의 방향을 잡을 수 있도록 항상 도와주세요. 물론 선생님과 친구의 생각을 똑같이 말하는 아이가 있을 수 있어요. 초행길을 갈 때는 내비게이션의 길 안내를 따라가지만 익숙해지면 내비게이션이 필요 없어지는 것처럼, 어느새 스스로 생각의 방향을 잡고 적극적으로 자기 생각을 표현하게 될 거예요.

❸ 모를 수도 있지~

아이들은 각자 다른 속도를 갖고 있어요. 특히 한글의 경우 친구들은 유창하게 읽고 글자로 자기 생각을 표현하기 시작하는데 나는 그렇지 않다면 좌절감을 느끼기 쉬워요. 이 경험은 한글에 대한 거부감으로 이어져 초등학교 진학 후 학습에 어려움이 생길 수도 있어요. 아이들의 마음속에 '몰라도 괜찮아', '틀려도 괜찮아' 하는 생각이 자리 잡을 수 있도록 도와주세요.

"모를 수도 있지. 달리기 속도가 다른 것처럼 자기 생각을 표현하는 것도 속도가 다 달라. 모두가 글씨 잘 쓰면 선생님이 없어도 되지. 물론 글씨를 잘 쓰는 친구도 있지만, 아직 너희들은 도움이 필요할 때니까 선생님이 같이 있는 거야. 어려우면 선생님이 도와줄게."

이렇게 말해 주세요.

아이의 속도에 맞춰 주세요

이 책은 신체 놀이와 게임뿐 아니라, 활동지에 그림을 그리고 글을 더해 자기 생각을 표현하는 놀이를 함께 소개합니다. 자기 생각을 글자로 표현할 수 있음을 알고, 경험을 통해 표현하는 힘을 기를 수 있도록 아이들의 속도에 맞춰 다음과 같이 단계를 나누어 도와주세요.

속도 1 : 아이의 생각을 교사가 글로 적고 읽어 줘요.

속도 2 : 아이의 생각을 교사가 글로 적어 주면 그 글자를 따라 써요.

속도 3 : 아이의 생각을 교사가 글로 적어 주면 글자를 보고 써요.

속도 4 : 아이가 스스로 글을 쓰지만, 모르는 음절은 교사의 도움을 받아요. 도움을 주는 단계 역시 '천천히 말하기(강 > 가 앙, '가' 아래에 뭐가 들어갈까? '앙')', '말로 알려 주기(강 > 가 앙, '가'에 '이응'이 들어가)', '옆에 적어 주기'로 다르게 할 수 있어요.

속도 5 : 아이가 스스로 글을 쓰고, 맞춤법이 잘못된 글자는 옆에 적어 보여 줘요. 잘못 쓴 글자를 고쳐 주는 것이 아니라, 아이가 바르게 적은 글자를 확인하는 의미예요.

아이들이 한글을 재미있는 놀이로 경험할 수 있도록 도와주세요. 흥미로운 그림책을 읽고 자신의 수준에 맞게 재미있는 독후 놀이를 하며 즐겁게 듣고 말하는 경험을 쌓은 아이들은 읽기와 쓰기에도 자연스럽게 관심을 갖게 될 거예요. 더 나아가, 즐거움을 바탕으로 한글을 경험한 아이들은 이후 초등학교에 들어가서도 더 효과적으로 학습할 수 있을 거예요.

1장
한글이랑 만나요!

그림책 <숨바꼭질 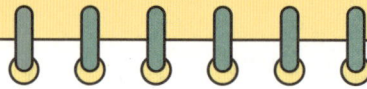>

\# 숨어 있는 동물의 모습에서 모음 형태를 찾을 수 있어요.

\# 배경에 그려진 그림의 이름에서 모음을 찾을 수 있어요.

✌ 책 표지 탐색하기

① 제목이 특별하게 표현되어 있네요. 무엇으로 글자가 만들어졌나요?
② 누구랑 숨바꼭질하는 책일까요? 글자들이 어디에 숨어 있을 것 같나요?
③ 제목 주변에 어떤 것이 보이나요? 그림책에서 어떤 것들이 등장할까요?
④ (뒤표지를 보며) 'ㅏ, ㅑ, ㅓ, ㅕ'를 닮은 동물들이 숨어 있대요. 어떤 동물이 나올까요?
⑤ (뒤표지의 빗방울을 보며) 구름에서 뭐가 내리고 있나요?
⑥ '비'가 내리고 있네요. (비의 'ㅣ' 강조하며 말하기)
⑦ 〈숨바꼭질 ㅏㅑㅓㅕ〉는 김재영 작가님이 이야기를 지으셨고, 현북스에서 만들었어요.
⑧ (판권을 보며) 이 책은 2020년 9월 21일에 태어났어요. 그럼 지금 몇 살일까요?

✌ 책 면지 탐색하기

① 어떤 모양이 있나요?
② 구름 모양 안이 특별하네요. 무엇인 것 같나요?
③ 어떤 느낌이 들 것 같나요? 왜 그렇게 생각했나요?

✌ 책 내용 탐색하기

① (1번째 장을 읽은 후) 눈을 감고 동물들이 숨을 시간을 줄까요?
   (다 함께 눈을 가리고) 꼭꼭 숨어라, 머리카락 보일라.
② '하나, 둘, 셋!' 하면 눈을 뜨고 동물들을 찾아볼까요? 하나, 둘, 셋! (책장 넘기기)
③ 어떤 동물이 등장했나요? '아 흥 무서워 '사자'가 나왔네요. ('ㅏ' 강조하며 말하기)
④ 'ㅏ'가 사자의 무엇이 되었나요?
⑤ 여기 'ㅏ'가 얼마나 숨어 있을까요? (검정 그림자 1개, 사자 얼굴 1개, 한글 'ㅏ' 4개)
⑥ 사자 주변에 '나' 비도 있네요?
⑦ 또 어떤 그림을 그려 주면 좋을까요?
⑧ (모두 함께 있는 장을 읽은 후) 'ㅑ'는 어떤 동물에 숨어 있나요? 양은 어디 있나요?
⑨ (마지막 장을 보며) 'ㅏ'가 어디에 숨어 있나요? '강'아지에 숨어 있었네요.

• 모음 숨바꼭질 •

🎈 **놀이 도구** 칠판, 보드 마커, 모음 모양을 찾거나 만들 수 있는 다양한 물건, 활동지, 연필, 채색 도구

🎈 **놀이 방법**
① 칠판에 'ㅏ'부터 'ㅣ'까지 적으며 함께 소리 내어 읽는다.
② 교실 곳곳에 있는 물건이나 장난감에서 모음 모양을 찾는다.
③ 내가 찾은 물건을 보고 그리거나 대고 따라 그려서 기록한다.
④ 모음 모양 물건을 가지고 바깥 놀이터로 간다.
⑤ 두 팀으로 나눠 1팀이 눈을 가리고 30초를 세는 동안 2팀은 놀이터 곳곳에 모음 모양 물건을 숨긴다.
⑥ 내가 찾은 모음 모양 물건을 보여 주며 모음이 들어가는 낱말을 말하면 성공한다.
⑦ 팀을 바꿔 모음 숨바꼭질 놀이를 한다.

💡 **놀이 TIP**
① 놀이 전 교실에 모음 모양을 찾을 수 있는 물건이 충분한지 미리 확인해 주세요.
② 글자 속의 모음을 찾는 것이 아닌 물건에서 모음 모양을 찾을 수 있도록 격려해 주세요.
③ 물건에서 모음 모양을 찾거나 장난감으로 모음 모양을 만들어도 좋아요.
④ 모음이 들어가는 낱말을 떠올리기 어려운 경우 친구와 함께 생각할 수 있도록 격려해 주세요.

🎈 **놀이 속 배움과 성장**
① 우리 주변에서 모음 모양을 찾으며 한글 모음과 친해질 수 있어요.
② 숨바꼭질 놀이를 통해 관찰력을 기르고, 낱말을 떠올리며 어휘력을 기를 수 있어요.

꼭꼭 숨어라, 모음 친구 보일라!

여기 모음 있어요!

오는 오이, 야는 야구!

우는 우주, 오는 오리고기!

• 나는야 모음대왕 •

🎈 **놀이 도구** 활동지, 연필, 색연필

🎈 **놀이 방법**
① 동물에게 쏙쏙 숨은 모음들이 이번에는 종이에 쏙쏙 숨었음을 소개한다.
② 숨은 모음이 표시된 활동지를 뒤집어서 나눠 준다.
③ 자유롭게 이동하면서 만난 친구와 가위바위보를 한다.
④ 가위바위보를 이기면 친구의 활동지에 있는 숨은 모음을 내 활동지에서 찾아 따라 적는다.
⑤ 모든 모음을 모았다면 내가 가장 좋아하는 모음 하나를 가장 좋아하는 색으로 색칠한다.
⑥ 색칠한 모음을 좋아하는 이유를 이야기 나눈다.

> 💡 **놀이 TIP**
> ① 아이들이 모음 순서를 잘 알고 있다면 비어 있는 칸에 내가 찾은 모음을 순서에 맞게 적는 방법으로 진행해도 좋아요.
> ② 게임을 진행하다 각자 가진 모음을 공개해 나에게 필요한 모음을 찾아가도록 진행해도 좋아요.

🎈 **놀이 속 배움과 성장**
① 친구의 모음을 보고 내 활동지에서 같은 모음을 찾으며 글자 모양을 구별할 수 있어요.
② 내가 좋아하는 모음을 좋아하는 색으로 색칠하면서 자기 생각을 표현할 수 있어요.

가위바위보!

여러 친구를 만나요

나한테 숨은 모음을
보여 줘요

모음 모으기 성공!

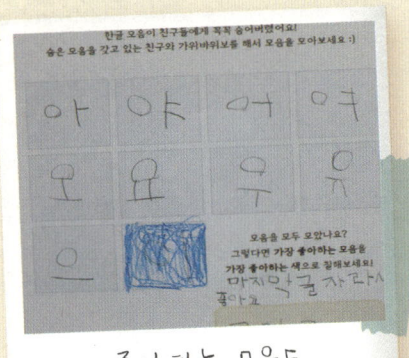
좋아하는 모음도
이유도 달라요!

1장 / 한글이랑 만나요!　23

그림책 <숨바꼭질 ㄱㄴㄷ>

\# 숨어 있는 동물의 모습에서 자음 형태를 찾을 수 있어요.

\# 배경에 그려진 그림의 이름에서 자음을 찾을 수 있어요.

✌️ 책 표지 탐색하기

❶ 제목이 특별하게 표현되어 있네요. 무엇으로 글자가 만들어졌나요?
❷ 누구랑 숨바꼭질하는 책일까요? 글자들이 어디에 숨어 있을 것 같나요?
❸ 제목 주변에 어떤 것이 보이나요? 그림책에서 어떤 것들이 등장할까요?
❹ (뒤표지를 보며) 'ㄱ, ㄴ, ㄷ'을 닮은 동물들이 숨어 있대요. 어떤 동물이 나올까요?
❺ (뒤표지의 나비를 보며) '나비'에는 어떤 자음이 숨어 있을까요?
❻ 이 책은 김재영 작가님이 이야기를 지으셨고, 현북스에서 만들었어요.
❼ (판권을 보며) 〈숨바꼭질 ㄱㄴㄷ〉은 2013년 10월 15일에 처음 태어났는데, 우리가 보는 이 책은 2018년 3월 23일에 6번째로 더 만들어진 책이에요.

✌️ 책 면지 탐색하기

❶ 초록색 배경에 뭐가 많이 보이나요?
❷ 이건 어떤 그림일까요? 떠오르는 동물이 있나요?
❸ 왜 그 동물이 떠올랐나요?

✌️ 책 내용 탐색하기

❶ (1번째 장을 읽은 후) 눈을 감고 동물들이 숨을 시간을 줄까요?
   (다 함께 눈을 가리고) 꼭꼭 숨어라, 머리카락 보일라.
❷ '하나, 둘, 셋!' 하면 눈을 뜨고 동물들 찾아볼까요? 하나, 둘, 셋! (책장 넘기기)
❸ 어떤 동물이 등장했나요? '길쭉길쭉 기린'이 나왔네요. ('ㄱ' 강조하며 말하기)
❹ 'ㄱ'이 기린의 무엇이 되었나요?
❺ 여기 'ㄱ'이 얼마나 숨어 있을까요? (검정 그림자 1개, 기린 얼굴 1개, 한글 'ㄱ' 5개)
❻ 기린 주변에는 어떤 것들이 보이나요?
❼ 또 어떤 그림을 그려 주면 좋을까요?
❽ (모두 함께 있는 장을 읽은 후) 'ㄱ'은 어떤 동물에 숨어 있나요? 소는 어디 있나요?
❾ (마지막 장을 보며) 'ㅈ'이 무엇으로 변했나요? '자' 전거에 숨어 있네요.

• 우리 동네에서 자음 찾기 •

🎈 **놀이 도구** 활동지, 연필

🎈 **놀이 방법**
① 'ㄱ~ㅎ'이 적혀 있는 표가 그려진 활동지와 연필을 가지고 글자를 많이 볼 수 있는 상가를 찾아간다.
② 간판과 입간판, 가게에 있는 물건의 제품명을 보며 자유롭게 자음을 찾고, 자음이 있는 글자를 해당 칸에 기록한다.
③ 'ㄱ~ㅎ' 자음 이름을 하나씩 부르며 몇 개의 글자를 찾았는지 확인한다.
④ 특별한 자음(쌍자음과 겹받침)을 찾은 아이가 있는지 이야기 나누고, 또 다른 특별한 자음을 찾아본다.
⑤ 주변 자연물이나 시설물에서 자음 모양을 찾는다.
⑥ 친구들과 내가 찾은 자음 모양을 공유한다.

💡 **놀이 TIP**
① 놀이를 하기 전 다양한 자음을 볼 수 있는 곳을 미리 찾아 주세요.
② 야외에서 활동할 때 주변에 위험 요소가 없는지 미리 확인해 주세요.
③ 쌍자음과 겹받침을 찾아본 후 쌍자음과 겹받침이 들어가는 낱말을 생각해 봐도 좋아요.

🎈 **놀이 속 배움과 성장**
① 주변에서 자음을 찾는 경험을 통해 일상 속에서 한글에 더욱 관심을 가질 수 있어요.
② 놀이를 통해 쌍자음과 겹받침의 활용을 자연스럽게 확인할 수 있어요.
③ 같은 자음이지만 글자에 따라 조금씩 달라지는 모습을 확인할 수 있어요.

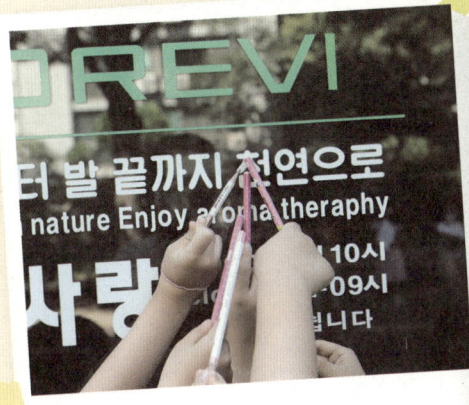
여기 'ㅊ'이 있어요!

얘들아, 여기 'ㄱ' 있어~

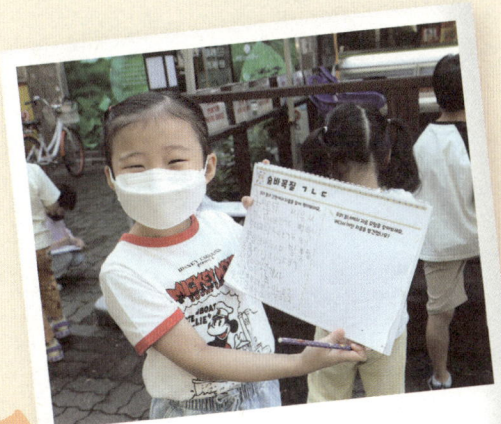
엄청 많이 찾았어요!

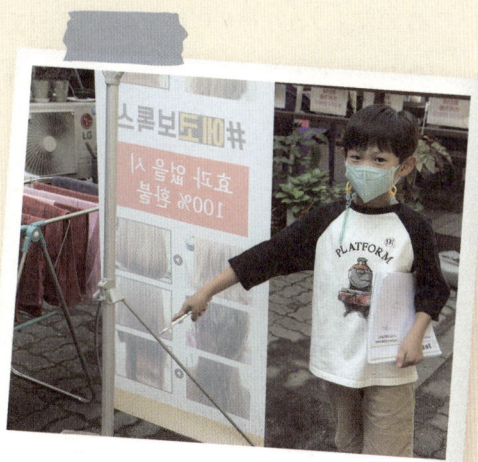
여기 'ㅅ' 모양 있어요!

• 자음 숨은 그림 그리기 •

🎈 **놀이 도구** 도화지, 채색 도구

🎈 **놀이 방법**
❶ 그림책의 내용을 회상하며 자음이 숨어 있던 동물들의 모습을 확인한다.
❷ 그림책의 마지막 장처럼 동물이 아닌 물건에 자음이 숨는다면 어떤 모습일지 상상한다.
❸ 'ㄱ~ㅎ' 자음으로 시작하는 낱말을 함께 이야기 나눈다.
❹ 내가 원하는 자음과 낱말을 선택해서 자음이 숨어 있는 그림을 그린다.

💡 **놀이 TIP**
❶ 그림을 그리기 전 아이들이 그림책을 충분히 감상할 수 있도록 해 주세요.
❷ 그림을 그린 후 친구들의 그림을 자유롭게 살펴보며 어떤 자음이 숨어 있는지 찾아보는 놀이를 해도 좋아요.

🎈 **놀이 속 배움과 성장**
❶ 주변 사물이나 동물의 모습과 자음의 모양을 연결 지으며 한글 자음에 친숙함을 느낄 수 있어요.
❷ 자음 모양을 그림으로 표현하며 상상력과 표현력을 키울 수 있어요.
❸ 친구의 그림에서 숨어 있는 자음을 찾으며 관찰력을 키울 수 있어요.

강아지의 'ㅇ'

병아리의 'ㅇ'

계란 프라이의 'ㅇ'

오레오의 'ㅇ'

• 한글을 찾아서 찰칵! •

🎈 **놀이 도구** 카메라, 전지, 풀, 연필

🎈 **놀이 방법**
① 우리 주변에서 한글을 발견하면 한 글자씩 사진을 찍는다. (예) 초코칩의 '초'
② 사진을 모두 모아 기준을 정해 분류한다. (예) 초성 자음별로 구분
③ 한글 카드를 조합해 낱말을 만들고 전지에 붙인다.
④ 만든 낱말을 살펴보며 낱말의 의미를 이야기 나눈다.
⑤ 낱말을 표현하거나 어울리는 그림을 주변에 그려도 좋다.

💡 **놀이 TIP**
① 아이들이 다양한 낱말을 떠올릴 수 있도록 격려해 주세요.
② 친구들과 함께 소통하며 참여할 수 있도록 도와주세요.
③ 맞춤법에 맞지 않는 낱말을 만들어도 자신 있게 표현할 수 있도록 도와주세요.
④ 만든 낱말을 살펴보며 이야기 나눌 때 바르게 쓰는 방법을 소개해요.

🎈 **놀이 속 배움과 성장**
① 다양한 낱말을 만든 후 의미에 대해 알아볼 수 있어요.
② 낱말을 만드는 경험을 통해 'ㅔ'와 'ㅐ'의 차이를 발견할 수 있어요.
③ 같은 모양도 방향에 따라 다르게 읽을 수 있는 한글의 특성을 활용할 수 있어요.
④ 첫 번째 글자가 같지만 다르게 만들어진 낱말을 찾으며 다양한 낱말을 떠올릴 수 있어요. (예) 폭포와 폭풍

가정 연계 패들렛

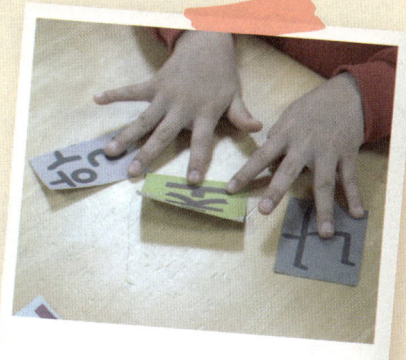
글자를 읽어요

글자를 분류해요

원하는 글자를 찾아요

팀 친구들과
낱말을 만들어요

완성!

1장 / 한글이랑 만나요!   31

그림책
〈요렇게 해봐요 - 내 몸으로 ㄱㄴㄷ〉

\# 자음으로 시작하는 낱말의 그림이 자음 형태로 표현되어 있어요.

\# 발달 수준에 맞게 따라 할 수 있는 한글 요가 동작이 있어요.

✌ 책 표지 탐색하기

❶ (제목의 '요렇게'를 가리고) 이 책의 제목은 〈○○○ 해봐요〉인데, 작은 제목이 하나 더 있어요. 같이 읽어 볼까요? 내 몸으로 ㄱ, ㄴ, ㄷ.
❷ 그림에서 무엇이 보이나요? 친구 두 명과 다람쥐가 무엇을 표현하고 있나요?
❸ 그럼 이 책의 제목은 무엇일까요?
❹ 제목이랑 친구들 말고 또 어떤 것들이 보이나요?
❺ 여기 'ㄱ'이랑 'ㄴ'은 사람이 표현했는데 다람쥐는 무엇을 표현했나요?
❻ 그럼 사람이 'ㄷ'을 표현하는 방법은 무엇이 있을까요?
❼ (이야기를 나눈 후 뒤표지를 함께 보며) 'ㄷ'을 표현하는 방법이 많이 나와 있네요.
❽ 이 책은 김시영 작가님이 이야기를 지으셨고, 마루벌에서 만들었어요.
❾ (판권을 보며) 〈요렇게 해봐요〉는 2011년 5월 10일에 처음 태어났는데, 우리가 보는 이 책은 2020년 3월 19일에 9번째로 더 만들어진 책이에요.

✌ 책 면지 탐색하기

❶ 여러 가지 그림들이 있네요. 어떤 모양으로 보이나요?
❷ 자음 친구들이 모양으로 만들어져 있어요. 'ㄱ'은 무슨 모양으로 생겼나요?
❸ 또 어떤 자음이 보이나요? 어떤 모양으로 그려져 있나요?

✌ 책 내용 탐색하기

❶ (1번째 장을 읽은 후) 고구마의 'ㄱ'이 등장했네요. 'ㄱ'이 무슨 색인가요?
❷ 'ㄱ'을 어떻게 표현했나요? 그림처럼 'ㄱ'을 몸으로 만들어 볼까요?
❸ 다른 동작들도 따라 해 볼까요? 뒤에는 어떤 꽃이 그려져 있나요?
❹ (2번째 장을 읽은 후) 나비가 'ㄴ'이 되었네요. 아래 'ㄴ'이 무슨 색인가요?
❺ 친구의 옷에는 어떤 무늬가 그려져 있나요? 왜 꽃이 그려져 있을까요?
❻ (다음 장을 넘긴 후) 여기는 'ㄷ'이 등장하네요. 'ㄷ'이 몇 개 숨어 있을까요?
❼ 다음에는 어떤 글자가 나올까요? 'ㄹ'은 어떤 낱말이 나올까요?

• 도전! 5초 ㄱㄴㄷ •

🎈 **놀이 도구** 그림책

🎈 **놀이 방법**
① 그림책 장면을 넘기며 자음을 표현한 요가 동작을 살펴본다.
② 그림책 장면에 있는 다양한 요가 동작을 따라 한다.
③ 그림책을 무작위로 펼쳐 나오는 장면의 요가 동작을 5초 안에 따라 한다.
④ 5초 안에 따라 한 동작을 5초 동안 유지한다.
⑤ 시간 안에 동작을 수행하지 못한 아이는 교사 옆으로 와서 그림책을 펼쳐 다음 동작 미션을 준다.
⑥ 인원이 적어지면 동작의 정확도로 우승자를 가린다.

💡 **놀이 TIP**
① 친구와 함께 팀을 이뤄 협동 동작으로 놀이를 해도 좋아요.
② 그림책 장면을 펼쳐서 나오는 여러 동작 중 한 동작을 제시해도 좋아요.

🎈 **놀이 속 배움과 성장**
① 신체를 조절해 만든 요가 동작을 일정 시간 동안 유지하며 신체 조절 능력을 기를 수 있어요.
② 신체를 움직여 자음을 표현하며 한글을 즐겁게 익힐 수 있어요.

5초 안에 'ㄱ' 만들기

5초 안에 'ㄷ' 만들기

친구와 함께!

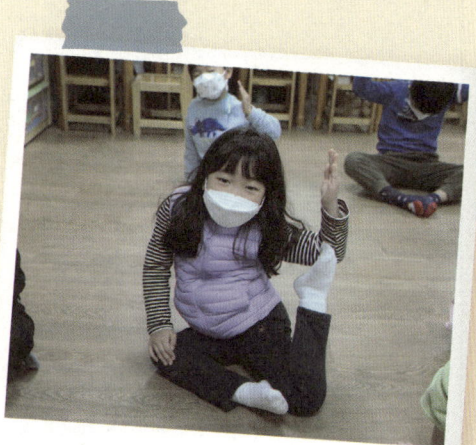
우리 반이 뽑은 최고 어려운 동작

그림책 〈손으로 몸으로 ㄱㄴㄷ〉

\# 손이나 몸으로 자음을 만드는 그림이 있어요.

\# 점자에 대해 재미있게 관심을 가질 수 있어요.

✌️ 책 표지 탐색하기

❶ (제목을 가리고) 그림 속 사람이 무엇을 하는 것 같나요?

❷ (제목에서 'ㄱㄴㄷ'을 공개하고) 이 그림책의 제목은 무엇일까요?

❸ (제목을 공개한 후) 이 사람은 몸으로 어떤 자음을 만들었나요?

❹ 하얀색 점들은 무엇일까요? 만져 보고 어떤 느낌인지 이야기해 주세요.

❺ 이건 보는 것이 불편한 사람들을 위해 만들어진 점자예요. 여섯 개의 점이 있고, 어느 칸을 찍는지에 따라 약속된 글자가 있어요.

❻ 이 책은 눈으로 읽는 친구, 손으로 읽는 친구 모두 즐길 수 있는 촉각 그림책이에요.

❼ 이 책은 전금하 작가님이 이야기를 지으셨고, 문학동네에서 만들었어요.

❽ (판권을 보며) 〈손으로 몸으로 ㄱㄴㄷ〉은 2008년 2월 22일에 처음 태어났는데, 우리가 보는 이 책은 2018년 3월 26일에 4번째로 더 만들어진 책이에요.

✌️ 책 내용 탐색하기

❶ (글자를 가리고) 손 모양을 따라 해 볼까요? 어떤 자음일까요?

❷ (손가락으로 따라 그리면서) 같이 읽어 볼까요? 기역.

❸ (점자를 가리키며) 'ㄱ'의 점자는 이렇게 생겼어요. 다음에는 어떤 자음이 나올까요?

❹ (장을 넘기고) 이번에는 니은. 'ㄴ'을 따라 해 볼까요? 또 어떻게 표현할 수 있을까요?

❺ 'ㄴ'의 점자는 어떻게 생겼나요? (위쪽 점자를 가리키며) 여섯 개의 점 옆 가장 위에 두 개가 찍혀 있네요. (아래쪽 점자를 가리키며) 여기는 여섯 개의 점 옆 가운데에 두 개가 찍혀 있네요. 왜 둘 다 'ㄴ'인데 점자 모양이 다를까요?

❻ 점자는 처음에 들어갈 때랑 받침으로 들어갈 때 모양이 비슷하지만 다르대요.

❼ ('ㅇ'이 나온 장을 보고) 'ㅇ'의 점자는 어떻게 생겼나요? (위쪽에 점자가 없음을 아이들이 발견하도록 유도) 'ㅇ'은 왜 처음에 들어가는 점자가 없을까요?

❽ (칠판에 'ㅏ, ㅑ, ㅓ, ㅕ'를 쓰고) 우리 같이 읽어 볼까요? 'ㅇ'이 없는데 읽을 수 있었나요?

❾ 점자가 너무 길어지면 손가락으로 읽기 어려워서 'ㅇ'을 처음에는 쓰지 않는대요.

❿ (마지막 장을 보며) 이번에는 자음이 아니고 무엇이 나왔나요? 같이 읽어 볼까요?

손으로 몸으로 ㄱㄴㄷ 만들기

🎈 놀이 도구
스마트폰 또는 태블릿 피시

🎈 놀이 방법
① 그림책 장면을 넘기며 그림책에서 나오는 자음 만드는 방법을 따라 한다.
② 교사가 보여 주는 장면을 보고 3초 안에 자음을 만든다.
③ 짝꿍 친구와 팀을 이뤄 친구가 몸으로 만든 자음을 보고 자음 이름을 맞힌다.
④ 소그룹으로 팀을 이뤄 팀 친구들과 함께 정한 자음을 협동해서 만들고, 사진을 촬영해 만들어진 모습을 확인하고 동작을 수정한다.

💡 놀이 TIP
① 아이들이 3초 게임에 익숙해지면 그림책 속 방법과 다르게 자음을 만드는 규칙을 만들어도 좋아요.
② 사진을 촬영해 바로 확인할 수 있는데, 가능하다면 여러 명이 함께 볼 수 있는 태블릿 피시가 좋아요.

🎈 놀이 속 배움과 성장
① 자음을 만들기 위해 몸을 다양한 동작으로 움직이며 신체 조절 능력을 기를 수 있어요.
② 친구들과 함께 하나의 자음을 만들며 협동하고 소통하는 경험을 할 수 있어요.

'ㄹ'을 만들어요

'ㅂ'을 만들어요

책에 손을 대고 만들어요

'ㅅ'을 만들어요

1장 / 한글이랑 만나요!

ㄱㄴㄷ 릴레이 퀴즈

놀이 도구 그림책 장면 카드, 작은 칠판, 보드 마커, 지우개

놀이 방법
① 4~5명이 한 팀이 되도록 팀을 나누고 팀별로 나란히 선다.
② 모두 칠판 쪽을 바라보고 선 후 마지막 아이가 그림책 장면 카드를 뽑아 확인하고 뒤집어 둔다.
③ 게임 시작 신호가 들리면 앞의 친구 어깨를 톡톡 쳐서 몸으로 자음 모양을 표현한다.
④ 한 명씩 전달해 가장 앞에 있는 아이가 칠판에 정답 자음을 적는다.
⑤ 정답을 확인한 후, 가장 앞에 있던 아이가 마지막으로 와서 다시 게임을 한다.
⑥ 모든 아이가 칠판에 정답 자음을 적을 수 있도록 게임을 반복한다.

> **놀이 TIP**
> ① 게임이 끝난 후에는 모든 아이들이 한 줄로 서서 단체 게임을 진행할 수 있어요. 이때는 인원이 많으므로 실패 우려가 적은 명확한 모양의 자음을 제시하는 것이 좋아요.
> ② 성공하면 점수를 주는 팀 대결이 아닌, 팀 친구들의 마음을 하나로 모아 성공하는 것에 의미를 두고 진행하는 것도 좋아요.

놀이 속 배움과 성장
① 친구가 보여 준 동작을 기억해 다음 친구에게 보여 주면서 집중력과 전달력을 기를 수 있어요.
② 팀 활동을 통해 평소 교류가 적은 친구와도 소통하며 협동할 수 있어요.

앞의 친구에게 동작을 전달해요

친구의 동작을
따라 하며 확인해요

동작을 여러 번 보여 줄 수 있어요

칠판에 정답을 적어요

• 우리 주변에서 점자 찾아보기 •

🎈 **놀이 도구** 점자 표기가 있는 의약품이나 식품류(음료 캔, 페트병, 컵라면)

🎈 **놀이 방법**
① 그림책에 있는 점자를 직접 만져 보며 점자에 관심을 가진다.
② 우리 주변에서 점자를 본 경험에 대해 이야기 나눈다.
③ 점자 표기가 있는 의약품이나 식품류에서 점자를 찾고 손으로 만져서 느껴 본다.
④ 음료 캔에 있는 점자를 비교하여 종류가 다양해도 점자의 모양은 두 가지임을 발견한다.
⑤ '점자 번역기' 누리집을 활용하여 관찰한 점자를 번역한다.
⑥ 우리 유치원과 동네에서 점자를 찾아본다.

💡 **놀이 TIP**
① 아이의 흥미에 따라 점자 번역을 자유롭게 진행해도 좋아요. 이때, 점자의 위치를 구분하는 것은 어려우므로 점자 아래에 점 번호를 적어 주세요.
② 놀이 전 우리 유치원과 동네에서 점자가 있는 곳을 미리 확인해 주세요. (공공기관 또는 공원 화장실, 계단 손잡이, 엘리베이터, 유도 블록 등)
③ 가정 연계 활동으로 점자를 찾아 사진을 공유하는 활동을 진행해도 좋아요.

🎈 **놀이 속 배움과 성장**
① 시각 장애인을 위한 또 다른 글자인 점자에 대해 관심을 가질 수 있어요.
② 일상 속에서 만날 수 있는 점자를 관찰하며 우리가 사는 사회에 관심을 가지고 공동체 의식을 함양할 수 있어요.

손끝으로 점자를 느껴요

점자 번역을 해요

우리 동네에서 점자를 찾아요

점자 블록을 찾았어요

그림책 <주무르고 늘리고>

반죽을 주무르고 늘리며 놀이하는 이야기가 나와요.

반죽으로 놀이할 때 어울리는 의성어와 의태어가 나와요.

✌️ 책 표지 탐색하기

① (제목을 가리고) 그림 속 사람이 만지는 것은 무엇일까요?

② 그림 속 사람은 무엇을 하는 걸까요?

③ 그림 속 사람의 직업은 무엇인 것 같나요?

④ (제목을 가리고) 제목은 〈○○○○ ○○○〉예요. 제목이 무엇인 것 같나요?

⑤ ('주무르고'를 공개하고) 〈주무르고 ○○○〉가 제목이에요. ○○○에는 무엇이 들어갈까요?

⑥ 그림 속 사람은 왜 주무르고 늘리는 걸까요?

⑦ 이 책은 요시타케 신스케 작가님이 이야기를 지으셨고, 유문조 작가님이 우리말로 옮겨 주셨어요. 책은 스콜라에서 만들었어요.

⑧ (판권을 보며) 〈주무르고 늘리고〉는 2018년 8월 8일에 태어났어요. 그럼 지금 몇 살일까요?

✌️ 책 내용 탐색하기

① (1번째 장을 보며) 주인공이 밀가루를 어떻게 하고 있나요? 따라 해 볼까요?

② (5번째 장을 보며) 또 어떤 것을 할 수 있을까요?

③ (7번째 장을 보며) 상자에 왜 넣었을까요?

④ (8번째 장을 보며) 왜 이렇게 부풀었을까요? 이제 어떻게 되나요?

⑤ (14번째 장을 보며) 밀가루의 냄새는 어떨 것 같나요?

⑥ (마지막 장을 보며) 밀가루 반죽이 어떤 모양으로 변했나요?

⑦ (이야기가 끝난 후 뒤표지를 보며) 밀가루 반죽은 어디로 가는 걸까요?

• 밀가루로 만드는 ㄱㄴㄷ •

🎈 **놀이 도구** 밀가루, 밀가루 반죽, 검은색 대형 비닐, 그릇, 숟가락, 물, 검은색 도화지

🎈 **놀이 방법**
1. 밀가루를 눈으로 관찰하고 손으로 만지며 느껴 본다.
2. 밀가루를 높이 쌓거나 납작하게 누르는 등 자유롭게 탐색한다.
3. 밀가루로 내 이름이나 좋아하는 것의 이름을 만든다.
4. 밀가루 반죽을 만드는 방법을 생각해 보고, 숟가락으로 물을 조금씩 넣어 반죽한다.
5. 미리 준비한 밀가루 반죽을 주무르고 늘리며 자유롭게 탐색한다.
6. 반죽으로 자음이나 모음, 한글 낱말을 만든다.
7. 검은색 도화지에 자유롭게 밀가루 작품을 만든다.

💡 **놀이 TIP**
1. 검은색 대형 비닐을 깔면 밀가루가 잘 보여서 좋고, 놀이가 끝난 후 정리를 수월하게 할 수 있어요. 분무기로 책상에 물을 뿌리고 비닐을 깔면 움직이지 않아요.
2. 반죽할 때 물을 조금씩 넣으며 변화를 관찰할 수 있도록 지도해 주세요.
3. 반죽 상태에 따라 미리 준비한 밀가루 반죽과 합치거나 제외할 수 있어요.
4. 냉장 보관한 밀가루 반죽은 놀이용으로 며칠 더 사용할 수 있어요.
5. 검은색 도화지에 밀가루 반죽이 완전히 고정되지 않으므로 조심히 들어야 해요.

🎈 **놀이 속 배움과 성장**
1. 밀가루와 밀가루 반죽으로 놀이하며 밀가루의 특성과 변화를 탐색할 수 있어요.
2. 밀가루 반죽을 활용해 미술 작품을 만들며 창의적으로 표현할 수 있어요.

밀가루를 탐색해요

밀가루로
내 이름을 만들어요

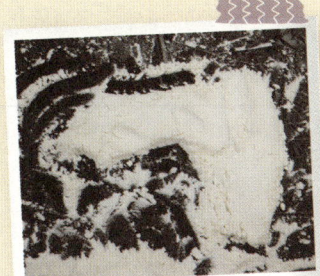
밀가루로
자음을 만들어요

밀가루 반죽을
탐색해요

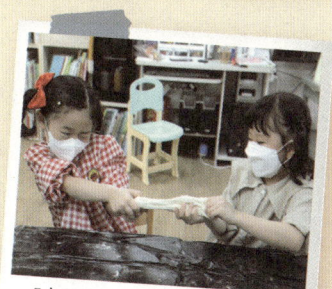
친구와 함께 밀가루
반죽으로 놀이해요

밀가루 반죽으로
내 이름을 만들어요

밀가루 반죽으로 내가 좋아하는
것과 그 이름을 만들어요

밀가루 반죽으로
자유롭게 놀이해요

그림책 〈변신! ㄱㄴㄷ〉

\# 자음 캐릭터가 낱말의 모습으로 변해요.

\# 문장 속 자음이 빨간색으로 강조되어 있어요.

✌ 책 표지 탐색하기

❶ (제목을 가리고) 그림에 무엇이 보이나요? 기린이랑 다람쥐가 어떤 것으로 만들어졌나요?

❷ (제목의 '변신!'만 가리고 공개한 후) 제목은 〈○○! ㄱㄴㄷ〉이에요. 힌트! 'ㄱ'이 ○○해서 이렇게 기린이 되었네요.

❸ 어떤 이야기가 나올 것 같나요? 'ㄱ'은 기린, 'ㄷ'은 다람쥐, (로켓과 오렌지를 가리키며) 이건 무엇일까요?

❹ (제목 옆 기타 치는 가수를 가리키며) 이건 무엇일까요?

❺ 그림책에 'ㄴ'은 없는데 어떻게 변신할까요?

❻ 이 책의 이야기는 김세실 작가님이 지으셨고, 그림은 김희선 작가님이 그리셨어요. 책은 한빛에듀에서 만들었어요.

❼ (판권을 보며) 〈변신! ㄱㄴㄷ〉은 2021년 2월 10일에 태어났어요. 그럼 지금 몇 살일까요?

✌ 책 내용 탐색하기

❶ (8쪽의 'ㄱ'을 손으로 따라 쓴 후) 꼬마 'ㄱ'의 이야기가 나오네요. 우리 'ㄱ'을 한번 써 볼까요? 손가락 연필 준비! (아이들은 허공에 손가락으로 'ㄱ'을 쓴다)

❷ (11쪽의 'ㄴ'을 손으로 따라 쓴 후) 이번에는 꼬마 'ㄴ'의 이야기가 나오네요. 선생님이 이야기를 읽어 줄 때 빨간색 'ㄴ'이 몇 번 나오는지 세어 보세요.

❸ ('ㄷ' 장을 읽은 후) 'ㄷ'이 또 무엇으로 변신할 수 있을까요?

❹ ('ㄹ' 장을 읽은 후) 레몬으로 변신한 'ㄹ'의 표정이 어떤가요? 아이, 셔! 표정 따라 해 볼까요? 이번엔 로켓으로 변신해 볼까요? 로켓처럼 하늘 위로 발사!

❺ (36, 37쪽을 펼치기 전에) 'ㄱ, ㄴ, ㄷ' 친구들이 어디에 있을까요? 무대 위에 어떤 모습으로 있을까요?

• 짝꿍을 찾아라! + 내 이름, 거기 서! •

🎈 **놀이 도구** 자음 카드, 자음 이름 카드

🎈 **놀이 방법**

[짝꿍을 찾아라!]

❶ 인원에 맞게 자음 카드와 자음 이름 카드 세트를 준비한다.

❷ 자음 카드와 자음 이름 카드를 섞어 하나씩 뽑고 확인하지 않는다.

❸ 시작 위치에 모두 서면 자신의 카드를 확인하고 이마에 댄다.

❹ 교사가 말하는 횟수만큼 움직여 같은 자음 카드와 자음 이름 카드를 가진 친구끼리 만나서 안아 준다.

[내 이름, 거기 서!]

❶ '짝꿍을 찾아라!' 놀이 방법에서 ❸번까지 같은 방법으로 진행한다.

❷ 교사가 말하는 횟수만큼 움직여 자음 카드를 가진 아이가 자신이 가진 자음의 이름 카드를 가진 친구를 잡으러 가고, 자음 이름 카드를 가진 아이는 도망간다.

> 💡 **놀이 TIP**
>
> ❶ 교사가 말하는 횟수보다 더 움직이면 교사 옆에서 다시 시작하는 등 규칙을 미리 정해요.
>
> ❷ 바깥 놀이터처럼 넓은 공간에서 진행하는 경우, 카드를 크게 만들어요.
>
> ❸ 상황에 따라 자음별로 색깔을 구분해 난이도를 조절하면 좋아요.

🎈 **놀이 속 배움과 성장**

❶ 신체 균형을 유지하고 신체를 조절하며 대근육 발달에 도움을 줄 수 있어요.

❷ 즐거운 놀이를 통해 자음의 이름에 관심을 가질 수 있어요.

내 짝꿍을 찾아가요

만났다, 내 짝꿍!

절대 잡히지 않겠에!

잡았다, 내 이름!

저도 이름 잡았어요

끝까지 잡히지 않았어요

그림책 <동물 친구 ㄱㄴㄷ>

\# 자음으로 시작하는 동물들이 자음 순서대로 등장해요.

\# 동물의 모양이나 동작이 자음의 형태로 그려져 있어요.

✌️ 책 표지 탐색하기

❶ 제목을 같이 읽어 볼까요? 〈동물 친구 ㄱㄴㄷ〉. 글자 주변에 동물들이 있네요?

❷ 'ㄷ'에는 어떤 동물이 있나요? 친의 'ㄴ'은 어떤 동물인가요?

❸ 글자에 있는 동물 말고 또 다른 것이 보이나요?

❹ 이야기 속에서 벌은 왜 나올까요?

❺ (뒤표지를 보며) 꿀벌이 뭔가를 찾으러 가면서 동물 친구들을 만난대요. 어떤 동물들을 만날 것 같나요?

❻ 이 책은 김경미 작가님이 이야기를 지으셨고, 웅진주니어에서 만들었어요.

❼ (판권을 보며) 〈동물 친구 ㄱㄴㄷ〉은 2006년 3월 30일에 처음 태어났는데, 우리가 보는 이 책은 2018년 1월 17일에 19번째로 더 만들어진 책이에요.

✌️ 책 면지 탐색하기

❶ (벌이 지나간 길을 손가락으로 따라 그리며) 벌이 무엇을 찾으러 가는 건가요?

❷ 어디로 가면 꿀이 있을까요?

✌️ 책 내용 탐색하기

❶ ('ㄱ'을 따라 벌이 지나간 길을 손가락으로 따라 그리며 읽은 후) 꿀벌이 기린을 만났네요. (기린의 얼굴 'ㄱ' 모양으로 따라 그리기)

❷ (나무늘보를 'ㄴ' 모양으로 따라 그리며) 나무늘보가 나무에 매달려 있네요.

❸ (도마뱀을 'ㄷ' 모양으로 따라 그리며) 도마뱀 꼬리가 엄청 기네요. (아이들이 동물 그림 속 자음의 모양을 발견할 수 있도록 강조하기)

❹ ('ㅁ' 장을 읽은 후) 하마 입이 무슨 모양으로 생겼나요? 하마처럼 마~ 입을 크게 벌려 볼까요?

❺ ('ㅍ' 다음 장을 읽고 넘어간 후) 다음에는 어떤 자음이 나올까요?

❻ (면지의 나비와 꿀벌을 보며) 나비와 꿀벌은 또 어디로 갈까요?

1장 / 한글이랑 만나요!

• 동물 꽃이 피었습니다 •

🎈 놀이 도구 그림책

🎈 놀이 방법
① 그림책 장면을 넘기며 그림책 속 동물의 모습을 표현한다.
② '무궁화꽃이 피었습니다' 게임 대형을 준비한 후, 술래가 그림책의 원하는 부분을 펼쳐서 보여 주며 "동물 꽃이 피었습니다!"라고 말한다.
③ 술래가 아닌 아이들은 앞으로 이동하다가 술래가 보여 준 장면의 동물을 표현하며 제자리에 멈춘다.
④ '무궁화꽃이 피었습니다' 게임과 같은 방법으로 진행한다.

> 💡 **놀이 TIP**
> ① 놀이에 익숙해졌다면 그림책 장면의 동물이 아닌 자음을 표현하는 규칙으로 진행해도 좋아요.
> ② 앞으로 이동할 때 바로 전에 표현했던 동물처럼 움직이는 규칙을 추가해도 좋아요.

🎈 놀이 속 배움과 성장
① 신체로 자음을 표현하며 더욱 즐겁게 한글 놀이를 할 수 있어요.
② 동물의 이름과 동물 그림에 숨어 있는 자음을 반복적으로 접하며 자음과 친해질 수 있어요.

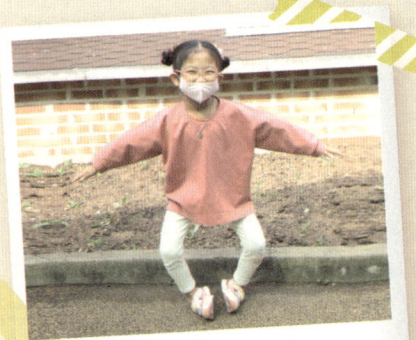
내가 만들고 싶은 자음

술래가 그림책을 펼쳐 보여 줘요

동물 꽃이 피었습니다!

사슴 꽃이 피었습니다!

안경원숭이 꽃이 피었습니다!

• 자음 연결 기차 •

🎈 **놀이 도구** 칠판, 자음 글자 자석, 보드 마커, 기차 도안, 연필, 채색 도구

🎈 **놀이 방법**
❶ 칠판에 붙인 자음 글자 자석을 보고 자음 이름을 말하며 자석 아래에 이름을 적는다.
❷ 자음 이름을 보며 특별한 점을 찾는다.
  - 자음의 시작과 끝이 해당 자음이다.
  - 모든 모음은 'ㅣ', 'ㅡ'지만 '기역'과 '시옷'만 다르다.
  - 두 번째 글자의 모음은 모두 'ㅇ'이지만 '디귿'만 다르다.
❸ 내가 가장 좋아하는 자음을 선택하고 그 자음이 좋은 이유를 이야기 나눈다.
❹ 가장 많은 표를 받은 자음 세 개를 적고 해당 자음으로 시작하는 낱말들을 떠올린다.
❺ 낱말 중 내가 표현하고 싶은 낱말을 선택해 기차 도안에 그림과 글로 표현한다.
❻ 세 개의 자음이 하나씩 적힌 기차 조종칸 도안 세 개를 따로 둔다.
❼ 내 낱말을 같은 자음이 적힌 기차 조종칸 옆에 두어 자음 연결 기차를 완성한다.

💡 **놀이 TIP**
❶ 아이들이 자음 이름의 특별한 점을 찾으면 규칙은 파란색, 예외는 빨간색으로 다시 적어 주면 좋아요.
❷ 팀별로 기차를 만든 후 다른 팀의 기차를 보고 자음을 맞히는 놀이를 해도 좋아요.

🎈 **놀이 속 배움과 성장**
❶ 자음 이름의 규칙과 예외를 스스로 발견하고 자음과 더욱 친해질 수 있어요.
❷ 친구와 함께 생각을 나누며 새로운 낱말을 알 수 있어요.

자음과 자음 이름을 적어요

자음 투표를 해요

자음 투표 결과를 확인해요

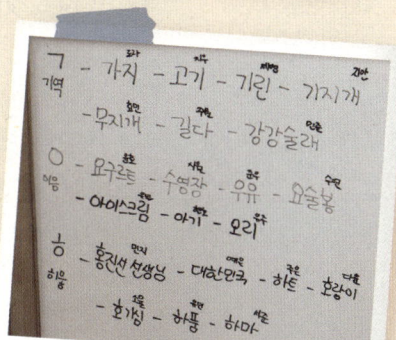
많은 표를 받은 자음으로 자음 연결 기차를 만들어요

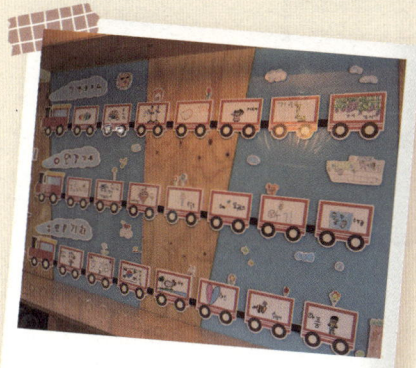
자음 연결 기차 완성!

혼자서도 할 수 있어요

1장 / 한글이랑 만나요!   57

그림책 〈생각하는 ㄱㄴㄷ〉

\# 자음으로 시작하는 이야기가 나오고 그림들은 모두 자음 형태로 그려져 있어요.

\# 자음으로 시작하는 색깔이 나와요.

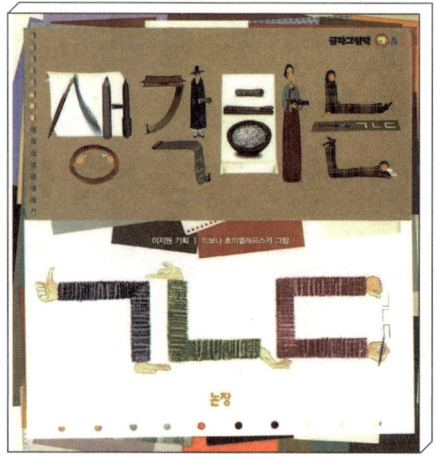

☝ 책 표지 탐색하기

① 제목이 왜 〈생각하는 ㄱㄴㄷ〉일까요?
② 제목이 특별하게 표현되어 있네요. 글자에서 어떤 것들이 보이나요?
③ 이야기에서 'ㄱ, ㄴ, ㄷ'이 어떻게 등장할 것 같나요?
④ (뒤표지를 보며) 나무가 어떤 모양으로 보이나요? 그림에서 또 어떤 자음이 보이나요?
⑤ 이 책은 이보나 흐미엘레프스카 작가님이 이야기를 지으셨고, 논장에서 만들었어요.
⑥ (판권을 보며) 〈생각하는 ㄱㄴㄷ〉은 2005년 4월 25일에 처음 태어났는데, 우리가 보는 이 책은 2018년 2월 5일에 15번째로 더 만들어진 책이에요.

✌ 책 면지 탐색하기

① 글자와 같이 있는 그림들이 보이나요? 그림들이 어떤 모양으로 그려져 있나요?
② ('나랏말싸미'를 가리키며) 여기를 한번 읽어 볼까요?
③ 어떤 자음들이 보이나요?

🤟 책 내용 탐색하기

① (1번째 장을 읽은 후) 'ㄱ'은 어디에 있나요? 어떤 것들로 'ㄱ'이 만들어졌나요?
② ('ㄱ'이 있는 갈색 칸을 가리키며) 'ㄱ'이 있는 칸은 무슨 색인가요?
③ (2번째 장을 읽은 후) 낙타의 표정이 어떤 것 같나요? 'ㄴ'은 어디에 있나요? 어떤 것들로 'ㄴ'이 만들어졌나요?
④ 다음은 어떤 자음이 나올까요? (면지를 보며) 여기서 'ㄷ'을 찾아볼까요?
⑤ (면지의 'ㄷ'을 표현한 다람쥐를 가리키며) 다람쥐가 무엇을 하는 걸까요?
⑥ (책을 모두 읽은 후 뒤쪽의 면지를 보며) 그림으로 만들어진 글자들을 읽을 수 있나요? 같이 읽어 볼까요? ('나랏말싸미'부터 읽을 수 있는 부분 함께 읽기) 모두 읽을 수 있나요? 그림도 아닌데 읽을 수 없는 이 글자들은 무엇일까요?
⑦ 지금의 한글은 'ㄱ~ㅎ'과 'ㅏ~ㅣ'까지 총 24자를 사용하지만, 처음 만들어진 한글은 28자였어요. 옛날 한글의 이름은 무엇일까요?

• 나는야 한글 디자이너 •

🎈 **놀이 도구** 도화지, 연필, 채색 도구

🎈 **놀이 방법**
1. 그림책에서 자음의 모양으로 표현된 그림을 보며 자음 모양과 비슷한 물건을 떠올린다.
2. 인터넷 검색을 통해 한글 모양을 활용한 물건이나 한글을 디자인에 활용한 물건의 사진을 본다.
3. 한글을 활용해 나만의 물건을 디자인하여 그림으로 표현한다.
4. 내가 디자인한 물건의 이름과 가격을 정하고 물건의 장점을 생각한다.
5. 사전 예약의 의미를 소개한 후 그림 뒷면에 '사전 예약 명단'이라는 제목을 적는다.
6. 친구들에게 내가 디자인한 물건을 홍보하며, 친구의 물건을 사고 싶다면 친구의 사전 예약 명단에 자기 이름을 적는다.

💡 **놀이 TIP**
1. '사전 예약 명단' 제목을 미리 인쇄한 종이를 제공해도 좋아요.
2. 아이가 디자인한 물건의 가격대를 알려 주어 물건의 가격을 왜 이렇게 정했는지 생각할 수 있도록 하면 좋아요.

🎈 **놀이 속 배움과 성장**
1. 한글을 활용해 물건을 디자인하며 창의력과 상상력을 키울 수 있어요.
2. 친구들에게 자신이 디자인한 물건을 홍보하고 사전 예약을 받으며 자신감과 성취감을 느낄 수 있어요.

내가 만든
한글 디자인 작품을 소개해요

작품에 대해
궁금한 점을 질문해요

작품 예약을 받아요

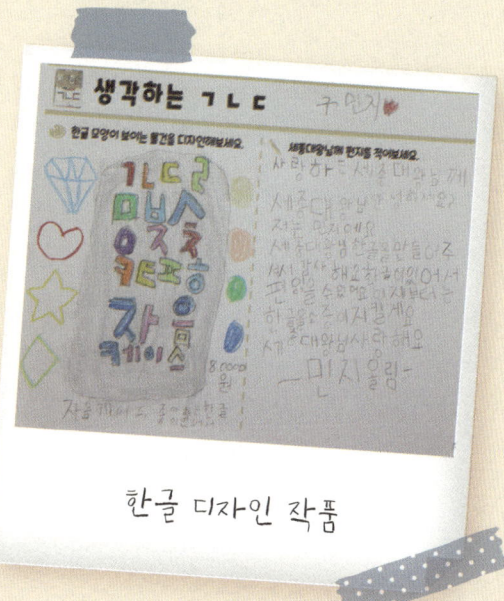
한글 디자인 작품

1장 / 한글이랑 만나요! 61

2장

한글이랑 놀아요!

그림책 <아빠하고 나하고>

모음으로 시작하는 익숙한 상황 이야기가 나와요.

그림을 통해 상황을 파악하고 문장 속에서 모음을 찾을 수 있어요.

✌ 책 표지 탐색하기

❶ (제목을 가리고) 그림에 무엇이 보이나요? 사람들이 무엇을 하고 있나요?

❷ ('아빠'를 제외한 나머지 제목을 천천히 보여 주며) 제목은 〈○○하고 나하고〉입니다. ○○에 무엇이 들어갈까요?

❸ 제목의 색깔이 무슨 색인가요? 왜 한 글자인데 파란색과 빨간색으로 구분했을까요?

❹ (아빠를 가리키며) 이 사람은 누구일까요? 그럼 이 두 아이는 어떤 관계일까요? 왜 그렇게 생각하나요?

　(예) 누나와 남동생인지, 오빠와 여동생인지, 쌍둥이인지, 나이 차이가 있는 남매인지

❺ 아빠하고 나하고 요요 말고 또 무엇을 할 것 같나요? (뒤표지를 보며) 어떤 이야기가 나올 것 같나요?

❻ 〈아빠하고 나하고〉는 박종채 작가님이 이야기를 지으셨고, 상상의힘에서 만들었어요.

❼ (판권을 보며) 이 책은 2019년 3월 15일에 태어났어요. 그럼 지금 몇 살일까요?

✌ 책 내용 탐색하기

❶ (1번째 장을 읽은 후) 어떤 상황일까요? 어디에 갈 것 같나요?

❷ 아빠랑 아이 둘 다 입을 어떻게 하고 있나요?

❸ ('ㅑ'가 나온 장을 보며) 아빠가 뒤에 무엇을 숨기고 있나요? 야구공을 숨기고 있네요. (벽지에는 야구공이 많이 그려져 있음)

❹ 다음에는 어떤 글자로 이야기가 시작될까요?

❺ (마지막 장을 읽은 후 자음을 하나씩 가리키며) 'ㄱ, ㄴ, ㄷ'이 누굴 만나서 '가, 나, 다'로 변신했나요?

❻ (속표지에 있는 모음을 하나씩 가리키며) 우리 같이 읽어 볼까요? 아, 오, …, 으, 이.

❼ ('ㄱ' 글자 자석을 활용해) 'ㄱ'을 넣어서 읽어 볼까요? 가, 갸, …, 그, 기.

❽ 가장 처음에 어떤 글자로 이야기를 시작했나요? 이야기가 어떻게 흘러갔나요?

❾ 아야어여 모음 중에 어떤 글자가 제일 많이 나온 것 같나요? (교사가 한 장씩 읽어 주는 이야기를 들으며 모음이 나오는 횟수를 센다.)

• 아야어여 풍선 옮기기 •

🎈 **놀이 도구** 풍선, 낱말 스티커, 모음 스티커, 큰 블록

🎈 **놀이 방법**
① 짝꿍과 함께 낱말 스티커가 붙은 풍선을 하나 선택하고 낱말을 확인한다.
② 낱말의 모음을 확인하고 출발 신호가 들리면 친구와 함께 풍선을 안고 해당 모음 블록을 돌고 출발선으로 돌아온다.
③ 친구들에게 우리 팀의 낱말을 말하며 올바른 블록을 돌고 왔는지 함께 확인한다.

💡 **놀이 TIP**
① 모음별로 낱말 스티커와 모음 스티커의 테두리 색깔을 다르게 만들어 난이도를 조절할 수 있어요.
② 놀이가 끝난 후에는 모음 스티커 블록을 기준으로 풍선을 분류하는 협동 놀이를 할 수 있어요.

🎈 **놀이 속 배움과 성장**
① 낱말 속에서 모음을 찾는 놀이를 통해 글자의 구성을 재미있게 익힐 수 있어요.
② 친구와 풍선을 함께 안고 올바른 반환점을 함께 결정해 돌아오며 협동심을 기를 수 있어요.

고른 풍선의 낱말을 확인해요

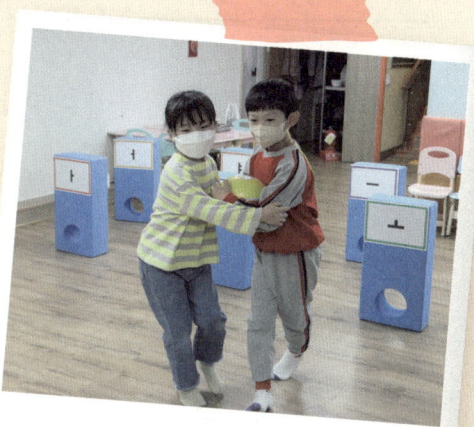
친구와 함께 풍선을 안아요

낱말의 모음과 같은
블록 반환점을 돌아요

빠르게 출발선으로 돌아와요

• 우리가 만드는 아야어여 낱말 카드 •

🎈 **놀이 도구** 칠판, 모음 글자 자석, 낱말 카드 도안, 연필, 채색 도구

🎈 **놀이 방법**
① 칠판에 모음 글자 자석을 하나씩 붙이며 소리 내 읽는다.
② 칠판에 붙은 모음을 보고 또 다른 모음이 있는지 이야기 나눈다.
③ 두 개의 모음 글자 자석을 합쳐 새로운 모음을 만들고 소리 내어 읽는다.
④ 21개의 모음을 적고 각 모음으로 시작하는 낱말을 떠올린다.
⑤ 원하는 낱말을 선택해 낱말 카드 도안에 그림을 그리고 낱말을 적는다.
⑥ 아이들이 만든 낱말 카드 도안을 스캔해 낱말 카드를 제작한다.
⑦ 4~5명으로 팀을 나눠 낱말 카드를 두 세트씩 나눠 준다.
⑧ 낱말 카드를 뒤집어 펼쳐 놓고 메모리 게임을 한다.

💡 **놀이 TIP**
① 아이들이 모음만 보고 낱말을 떠올리기 어려워한다면 자음을 넣어 완성된 글자를 보고 읽으며 생각할 수 있도록 도와주세요.
② 낱말 카드 도안을 A4 크기로 제공하고 스캔 후 크기를 줄이면 아이들이 그림을 편하게 그릴 수 있어요.
③ 카드를 활용한 게임에 익숙하다면 아이들이 직접 게임 규칙을 만들어서 놀이해도 좋아요.

🎈 **놀이 속 배움과 성장**
① 친구와 함께 모음으로 시작하는 낱말을 떠올리며 어휘력을 기를 수 있어요.
② 직접 만든 카드로 게임을 하며 더욱 즐겁게 놀고 성취감을 느낄 수 있어요.

카드 두 장을 뒤집어
똑같은 카드를 찾아요

친구가 뒤집은 카드의 그림을
잘 기억해요

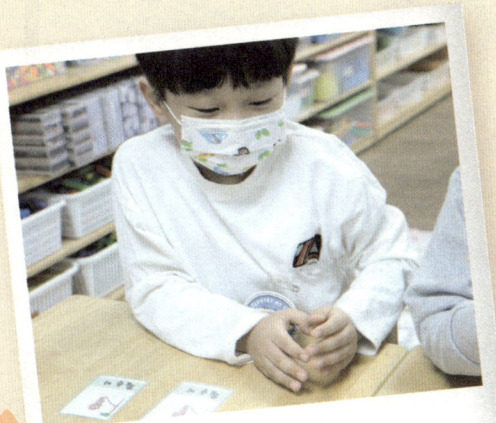

똑같은 카드를 찾으면
내가 가져요

카드가 가장 많은 사람이
승리!

2장 / 한글이랑 놀아요!

그림책 <펭토벤과 아야어여>

\# 모음 모양을 관찰하고 몸으로 표현할 수 있어요.

\# 문장 속에서 아야어여 모음을 찾을 수 있어요.

✌️ 책 표지 탐색하기

① 제목을 같이 읽어 볼까요? (한 글자씩 가리키며) 펭토벤과 아야어여.

② 아야어여 글자들이 특별하게 되어 있네요? 'ㅇ'이 어떤 것 같나요?

③ 'ㅇ'을 같이 따라 해 볼까요? (눈과 입 모양을 따라 하며) 아야어여.

④ 펭토벤은 누구일까요? 손에 뭔가를 들고 있네요? 무얼 하는 펭귄일까요?

⑤ 주변에는 또 어떤 것들이 보이나요?

⑥ 이 책의 이야기는 김세실 작가님이 지으셨고, 그림은 김효주 작가님이 그리셨어요. 책은 한빛에듀에서 만들었어요.

⑦ (판권을 보며) 〈펭토벤과 아야어여〉는 2021년 2월 10일에 태어났어요. 그럼 지금 몇 살일까요?

✌️ 책 내용 탐색하기

① (8쪽을 읽은 후) 우리 같이 읽어 볼까요?

② (10쪽을 읽은 후) 입을 아주 크게 '아!' 해볼까요?

③ (13쪽을 읽은 후) 여러분은 언제 신나는 '야!'가 나오나요? (이야기 나눈 후) 지금 하고 있다고 상상하면서 '야!' 해볼까요?

④ (15쪽을 읽은 후) 어두컴컴한 밤이 되었다고 생각하고 어슬렁어슬렁 호랑이로 변신해 볼까요? (전등을 어둡게 조절하고) 어두컴컴한 밤이 되었습니다. 호랑이로 변신! 어슬렁어슬렁하다가 갑자기 어흥!

⑤ (17쪽을 읽은 후) 여왕벌은 벌집에 몇 마리가 있을까요? 딱 한 마리라서 선생님이 우리 교실 여왕벌로 변신할 거예요. 여우 어린이들은 어떻게 도망가야 선생님에게 잡히지 않을까요? 지금부터 여기저기 도망가기 시작!

• 아야어여 포스트잇 모으기 •

🎈 **놀이 도구** 모음이 적힌 두 가지 색의 포스트잇, 칠판

🎈 **놀이 방법**
① 두 팀으로 나눠 팀별로 한 명씩 나와 모음이 적힌 포스트잇을 몸에 붙인다.
② 1분 동안 몸을 움직여 포스트잇을 뗀다.
③ 떨어진 모음 포스트잇을 모아서 해당 모음으로 시작하는 낱말을 말하며 칠판에 붙인다.
④ 모든 아이가 게임을 한 후, 칠판에 붙은 팀별 포스트잇의 개수를 세어 더 많은 팀이 승리한다.

💡 **놀이 TIP**
① '아야어여'뿐만 아니라 '가갸거겨'와 같이 자음이 다른 낱말을 말해도 좋다는 것을 미리 이야기 나누면 좋아요.
② 낱말이 떠오르지 않을 때는 팀 친구들의 도움을 받아도 좋아요.
③ 말한 낱말을 교사가 포스트잇에 적고 다음 친구는 새로운 낱말을 말하는 규칙을 추가해도 좋아요.

🎈 **놀이 속 배움과 성장**
① 포스트잇이 붙은 신체 부위를 적극적으로 움직이며 신체 조절 능력을 기를 수 있어요.
② 모음으로 시작하는 낱말을 떠올리며 어휘력을 기를 수 있어요.

몸을 열심히 움직여요

낱말을 말하며
포스트잇을 모아요

높이 점프하는 방법도 있어요

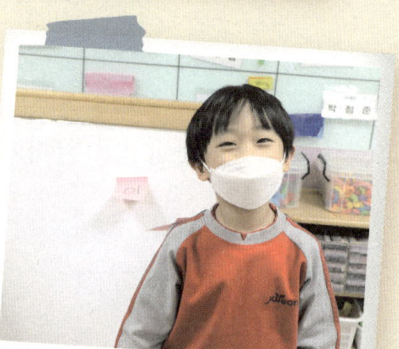
이… 이구아나!

더 많이 모으면 승리!

모두 함께 게임해요

2장 / 한글이랑 놀아요!   73

그림책 <놀자! 가나다>

\# 가나다로 시작하는 놀이가 나와요.

\# 문장 속의 글자가 빨간색으로 강조되어 있어요.

그림책 한글 놀이

✌️ 책 표지 탐색하기

① (제목의 '놀자!'를 가리고) 그림에 어떤 동물 친구들이 있나요?

② 동물 친구들의 기분이 어떤 것 같나요? 왜 기분이 좋은 것 같나요?

③ 이 책의 제목은 〈○○! 가나다〉예요. 제목이 무엇일까요? 선생님이 여러분에게 '○○!' 라고 말하면 아주 좋아할 것 같은 말이에요.

④ 제목은 〈놀자! 가나다〉예요. 어떤 이야기가 나올 것 같나요?

⑤ 이 책의 이야기는 김세실 작가님이 지으셨고, 그림은 이혜영 작가님이 그리셨어요. 책은 한빛에듀에서 만들었어요.

⑥ (판권을 보며) 〈놀자! 가나다〉는 2021년 2월 10일에 태어났어요. 그럼 지금 몇 살일까요?

✌️ 책 내용 탐색하기

① ('가' 장을 읽은 후) 가위로 싹둑싹둑 오리기 놀이를 하네요. 선생님은 가위로 싹둑싹둑 종이를 오려서 가루를 만들고 싶어요. 또 어떤 것을 만들 수 있을까요?

② (9쪽의 '가'를 소리 내며 따라 쓰고) 무엇과 무엇이 만나 '가'가 되었나요?

③ ('나' 장을 읽은 후) 나비가 어떻게 날았나요? 나풀나풀 나비처럼 날아 볼까요? 나풀나풀 날아서 장난감 앞에 앉았네. (다양한 제시어 말하기) 나풀나풀 날아서 자리에 앉았네.

④ (11쪽의 '나'를 가리키며) 무엇과 무엇이 만나 '나'가 되었나요? (천천히 따라 쓰며) 'ㄴ'이랑 'ㅏ'가 만나서 '나'가 되었네요.

⑤ (모두 읽은 후) 하루 동안 어떤 놀이를 했나요? 어떤 놀이가 제일 재미있을 것 같나요?

• 병뚜껑 가나다 •

놀이 도구
'가~하' 가 적힌 병뚜껑

놀이 방법
1. 병뚜껑을 하나씩 뒤집어 적혀 있는 글자를 읽고, 해당 글자로 시작하는 낱말을 이야기 나눈다.
2. 팀을 나눠 각 팀의 병뚜껑을 책상에 둔다.
3. 순서를 정해 한 명씩 우리 팀의 병뚜껑을 튕겨 상대 팀의 병뚜껑을 떨어뜨린다.
4. 상대 팀의 병뚜껑을 떨어뜨린 후 떨어진 병뚜껑의 글자로 시작하는 낱말을 말하면 점수를 얻는다.
5. 한 팀의 병뚜껑이 모두 사라질 때까지 게임을 한 뒤 점수를 확인한다.

놀이 TIP
1. 팀별로 병뚜껑의 색을 다르게 하거나 병뚜껑에 적힌 글자의 색을 다르게 구분해 주세요.
2. 우리 팀의 병뚜껑을 실수로 떨어뜨렸을 때, 해당 글자의 낱말을 말하면 다시 살리는 부활 규칙이 있어도 좋아요.

놀이 속 배움과 성장
1. 손가락 힘을 조절해 병뚜껑을 튕기며 소근육이 발달해요.
2. 각 글자로 시작하는 낱말을 떠올리고 친구가 생각한 낱말을 들으며 어휘력을 기를 수 있어요.

병뚜껑을 튕겨요

손가락으로
밀어내지 않도록 조심해요

타는 타조!

떨어진 병뚜껑의 글자로 시작하는
낱말을 말해요

· 한글 컬링 ·

🎈 **놀이 도구** 두 가지 색 병뚜껑, 모음 컬링 게임판

🎈 **놀이 방법**
❶ 모음 컬링 게임판을 준비한다.
❷ 두 팀으로 나누고 한 명씩 게임판에 나와 자신의 병뚜껑을 손가락으로 튕긴다.
❸ 다음 아이는 병뚜껑으로 다른 친구의 병뚜껑을 튕겨 낼 수 있다.
❹ 모든 아이가 병뚜껑을 튕기면 게임판에 남아 있는 병뚜껑을 1점으로 계산한다.
❺ 자기 팀의 병뚜껑이 있는 칸을 확인하고, 그 칸의 모음으로 시작하는 낱말을 말하면 추가로 1점을 얻을 수 있다.

💡 **놀이 TIP**

❶ 상황에 따라 게임판의 크기를 조절해 난이도를 조절해도 좋고, 만약 게임판 위에 병뚜껑을 올려놓지 못했다면 기회를 한 번 더 제공해도 좋아요.
❷ 병뚜껑에 자음을 붙이고, 병뚜껑의 자음과 게임 칸의 모음을 결합해 낱말 말하기 규칙으로 진행해도 좋아요.

🎈 **놀이 속 배움과 성장**
❶ 게임을 통해 총 21개의 모음에 관심을 가질 수 있어요.
❷ 병뚜껑의 개수와 낱말 보너스를 합해 점수를 계산하며 수 세기를 할 수 있어요.

병뚜껑 발사!

성공!

집중해서 튕겨요!

'ㅍ'가 들어가는 낱말은?

워!

우리 팀이 이겼다!

• 한글 볼링 •

🎈 **놀이 도구** 'ㄱ~ㅎ'을 붙인 자음 볼링핀, 볼링공, 큰 블록

🎈 **놀이 방법**
① 자음 볼링핀을 세우고 큰 블록으로 주변을 막아 게임장을 준비한다.
② 한 명씩 게임장에 나와 볼링공을 굴려 자음 볼링핀을 쓰러뜨린다.
③ 쓰러지지 않은 자음 볼링핀은 해당 자음으로 시작하는 낱말을 말하고 쓰러뜨린다.
④ 모든 자음 볼링핀을 쓰러뜨리면 성공한다.

> 💡 **놀이 TIP**
> ① 상황에 따라 팀을 나눠 낱말이 떠오르지 않는 경우 팀 친구들의 도움을 받을 수 있도록 진행하면 좋아요.
> ② 스티커로 볼링핀을 세우는 곳을 표시하면 아이들이 스스로 다음 게임을 준비할 수 있어요. 표시가 없다면 간격이 적당하지 않아 게임 진행이 어려워요.
> ③ '♥'를 붙인 볼링핀을 추가해 볼링핀이 잘 쓰러지도록 홀수로 배치할 수 있어요.

🎈 **놀이 속 배움과 성장**
① 볼링핀을 쓰러뜨리기 위해 공을 올바른 방향으로 굴리며 신체 조절 능력과 집중력을 기를 수 있어요.
② 쓰러지지 않은 볼링핀의 자음으로 시작하는 낱말을 떠올리며 어휘력을 기르고, 모든 볼링핀을 쓰러뜨려 성공하며 성취감을 느낄 수 있어요.

낱말을 말하고
볼링핀을 쓰러뜨려요

'♥'볼링핀은 아무 낱말이나
말할 수 있어요

• 가나다 랩 •

🎈 **놀이 도구** '가~하' 글자 카드, 칠판, 보드 마커

🎈 **놀이 방법**
① '가~하' 글자 카드를 무작위로 칠판에 붙인다.
② 글자 카드를 어떻게 정리하면 좋을지 이야기 나눈다.
③ 글자 카드를 자음 순서대로 정리하고 소리 내 읽는다.
④ '가~하' 글자에 음을 넣어 빠르게 읽는다.
⑤ '가나다'에 익숙해지면 '거너더, 고노도, 구누두' 등으로 모음을 바꿔 읽는다.
⑥ '가나다'는 빠르게, '거너더'는 호랑이 목소리, '기니디'는 귀여운 목소리 등 모음별로 표현을 정해 말놀이를 한다.

> 💡 **놀이 TIP**
> ① 음절 포스터를 벽에 붙여 보면서 놀이해도 좋아요.
> ② 한 줄 기차를 하고 순서대로 출발하는 상황일 때 '가나다 랩 정확하게 성공하면 출발'과 같은 규칙을 만들어 활용해도 좋아요.

🎈 **놀이 속 배움과 성장**
① 음을 넣어 노래처럼 부르며 자음 순서를 쉽고 재미있게 익힐 수 있어요.
② 여러 모음과 만나 생기는 음절의 소리를 듣고 읽기와 쓰기에 관심을 가질 수 있어요.

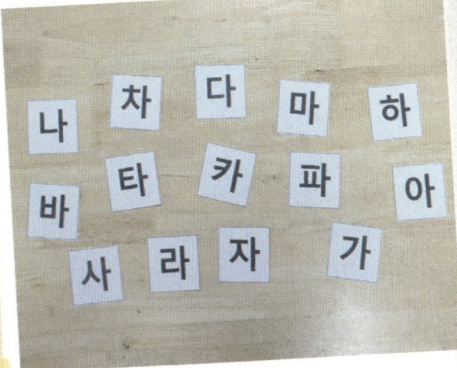
뒤죽박죽 글자 카드

글자 카드를 정리해요

가 나 다 라 마 바 사
아 자 차 카 타 파 하

글자 카드 정리 성공!

뽑기로도 할 수 있어요

그림책 <내 이름은 제동크>

\# 얼룩말(zebra) 아빠와 당나귀(donkey) 엄마 사이에서 태어난 제동크(zedonk)의 이야기예요.

\# 틀린 것이 아니라 다른 것이라는 '다름'에 대해 이야기할 수 있어요.

✌ **책 표지 탐색하기**

❶ (제동크 그림을 가리고) 제목을 같이 읽어 볼까요?

❷ 제목에서 특별한 부분을 찾아볼까요? (제목의 '크' 글자) 제동크는 사람일까요, 동물일까요?

❸ 제동크는 어떻게 생겼을까요? 왜 그렇게 생각하나요?

❹ (제동크 그림을 공개하고) 내가 생각한 제동크의 모습과 비슷한가요? 주변에는 어떤 무늬가 있나요?

❺ (뒤표지를 보며) 이번에는 어떤 무늬가 있나요? 제동크의 몸에 이 무늬들이 있을까요?

❻ 제동크는 어떤 동물일까요?

❼ 이 책은 한지아 작가님이 이야기를 지으셨고, 바우솔에서 만들었어요.

❽ (판권을 보며) 〈내 이름은 제동크〉는 2020년 10월 29일에 태어났어요. 그럼 지금 몇 살일까요?

✌ **책 면지 탐색하기**

❶ 제동크와 같은 색으로 색칠되어 있네요. 제동크일까요?

❷ (속표지를 보며) 제동크가 아닌 다른 동물들이 등장했어요. 누구일까요? (표지의 제동크와 비교하며) 제동크랑 어떤 사이일까요?

✌ **책 내용 탐색하기**

❶ (1번째 장을 읽은 후) 여기 줄무늬는 어떤 부분일까요?

❷ (6번째 장을 읽은 후) 서로 다른 것이 왜 걱정이었을까요?

❸ (8번째 장을 읽은 후) 엄마와 아빠는 함께 살기 위해 어떻게 할 것 같나요?

❹ (12번째 장을 읽은 후) 제동크는 어떻게 생겼을까요?

❺ (13번째 장을 읽은 후) 제동크는 엄마 아빠의 어떤 부분을 닮았나요?

❻ (앞 면지와 뒤 면지를 비교하며) 여기는 누구의 몸일까요?

한 걸음 이름 만들기

놀이 도구 (모두의 이름을 만들 수 있는) 음절 카드, 마스킹 테이프, 오늘의 이름표

놀이 방법

1. 마스킹 테이프로 구분한 놀이 공간 곳곳에 음절 카드를 뿌려 둔다.
2. 원하는 놀이 시작 위치에 서서 준비하되, 마스킹 테이프 안으로 들어가지 않는다.
3. 교사가 '한 걸음'이라고 말하며 신호를 줄 때 한 걸음을 이동하여, 자신의 이름을 만들 수 있는 음절 카드를 줍는다. 이때, 두 발이 땅에서 떨어지지 않아야 한다.
4. 모든 아이가 이름을 완성하면 다 함께 카드를 보며 이름을 읽는다.
5. 자신이 가진 음절 카드를 뒤집어 원하는 곳에 내려놓는다.
6. 같은 방법으로 한 걸음씩 이동해 원하는 음절 카드 3장을 줍는다.
7. 내가 가진 음절 카드 3장을 조합하여 오늘의 이름을 정한다.
8. 친구들이 만든 오늘의 이름을 읽어 본다.

놀이 TIP

1. 놀이 규칙을 소개한 후에 시작 위치를 정하도록 하면 전략적으로 위치를 선택할 수 있어요.
2. 한 걸음 이동 규칙을 어기면 미리 정한 위치에서 다시 출발하도록 정해도 좋아요.
3. 오늘의 이름표를 몸에 붙여 하루 동안 이름을 바꿔 불러도 재미있어요.

놀이 속 배움과 성장

1. 재미있는 신체 놀이를 통해 한글 놀이를 긍정적으로 시작할 수 있어요.
2. 음절을 조합해 새롭게 만든 글자를 읽으며 다양한 읽기 경험을 할 수 있어요.

내 이름을 만들어요

오늘의 이름을 만들어요

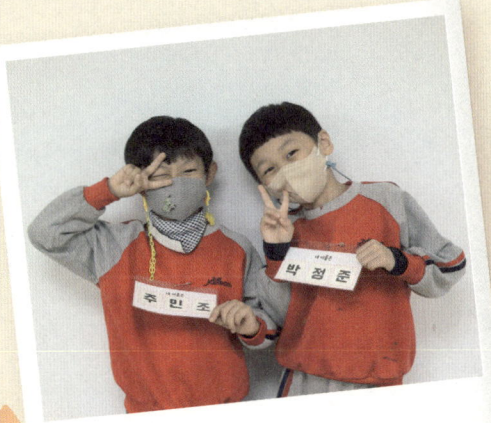

오늘의 특별 이름은?

특별 이름으로 친구를 불러요

• 친구 이름 내 이름 크로스! •

🎈 놀이 도구   종이, 연필

🎈 놀이 방법
① 종이 한편에 친구의 이름과 내 이름을 적는다.
② 순서를 정하고 10초씩 릴레이로 캐릭터 그림을 그린다.
③ 캐릭터가 완성되면 친구의 이름과 내 이름의 음절을 조합해 캐릭터의 이름을 정한다.
④ 음절 조합이 익숙해지면 이름의 자모음을 조합하는 방법으로 진행한다.

> 💡 **놀이 TIP**
>
> ① 각자 색을 정해서 이름을 적어 주면 누구의 이름에서 글자를 가져왔는지 한눈에 알 수 있어요.
> ② 캐릭터를 두 개 그려서 두 캐릭터의 모습을 닮은 아이 캐릭터를 그리는 활동을 진행해도 좋아요.

🎈 놀이 속 배움과 성장
① 친구와 협동하여 그림을 그리고, 친구의 이름을 활용하는 놀이를 통해 친밀감을 형성할 수 있어요.
② 자모음을 조합하여 만든 무의미 단어를 읽으며 다양한 읽기 경험을 할 수 있어요.

릴레이로 그림을 그려요

친구와 내 이름의 음절을 조합했어요

친구와 내 이름의 자모음을 조합했어요

캐릭터 이름 만들기 끝!

2장 / 한글이랑 놀아요!

그림책 <소리치자 가나다>

'가~하' 글자에 어울리는 상황이 그림으로 표현되어 있어요.

그림과 어울리는 모습으로 글자가 디자인되어 있어요.

✌ **책 표지 탐색하기**

❶ (제목을 가리고) 그림에 나온 여자아이 두 명은 어떤 관계일까요? 왜 그렇게 생각하나요?
  (예) 친구인지, 가족인지, 친척인지, 쌍둥이인지, 나이 차이가 있는 자매인지

❷ 이 책의 제목은 〈○○○○ 가나다〉예요. ○○○○에는 무엇이 들어갈까요? 여자아이들의 행동으로 알 수 있어요.

❸ (제목을 공개하며) 책 제목은 〈소리치자 가나다〉예요. 어떤 이야기가 나올 것 같나요?

❹ 이 책의 이야기는 박정선 작가님이 지으셨고, 그림은 백은희 작가님이 그리셨어요. 책은 비룡소에서 만들었어요.

❺ (판권을 보며) 〈소리치자 가나다〉는 2007년 10월 10일에 처음 태어났는데, 우리가 보는 이 책은 2017년 10월 2일에 10번째로 더 만들어진 책이에요.

✌ **책 내용 탐색하기**

❶ ('가' 장을 보며) 어떤 상황인 것 같나요?

❷ 손을 쭉 뻗으니까 어떤 모양이 되었나요? 'ㅏ' 모양이 되었네요. 강아지에게 어떤 말투로 말할 것 같나요? 강아지한테 말하는 것처럼 같이 읽어 볼까요? 가!

❸ ('가' 글자를 손으로 따라 쓰며) '가—' 여기에 있는 'ㅏ'도 어떻게 되었나요?

❹ ('나' 장을 보며) 무엇을 하고 놀이하고 있나요? 빨간색 옷을 입고 무슨 색 보자기를 둘렀나요? (글자의 색깔과 비교)

❺ '나'를 어떻게 소리 낼 것 같나요? 같이 해볼까요? 나~.

❻ ('다' 장을 보며) 어떤 상황인 것 같나요?

❼ ('다' 글자를 가리키며) 어떻게 읽으면 좋을까요? 글자가 어떻게 생겼나요?

❽ (장면을 넘기기 전에) 다음에는 어떤 글자가 나올까요? '라'에서는 어떤 상황이 나올 것 같나요?

❾ ('라' 장을 보며) 어떤 날인 것 같나요? 친구랑 같이 손을 잡고 함께 '라~' 해볼까요?

❿ (마지막 장을 보며) 어떤 것들이 있는지 같이 읽어 볼까요?

⓫ 모두 무엇을 합쳐 만들어진 낱말들인가요?

• 물건으로 만드는 가나다 •

🎈 **놀이 도구** 다양한 모양의 장난감

🎈 **놀이 방법**
① 그림책 마지막 장면을 보며 '가~하'를 모아 만들 수 있는 낱말을 알아본다.
② 모음 'ㅏ'만 사용하는 또 다른 낱말을 함께 이야기 나눈다.
③ 짝꿍과 함께 모음 'ㅏ' 낱말을 고르고 교실에 있는 물건으로 낱말을 만든다.
④ 짝꿍과 함께 만든 낱말을 행동으로 표현한다.
⑤ 자유롭게 다른 팀 친구들의 낱말을 보고 표현 놀이를 한다.

💡 **놀이 TIP**

① 교사가 미리 'ㅏ' 낱말을 생각하고 아이들이 어려워할 때 힌트를 주면 좋아요.
② 표현 놀이가 끝난 후에는 소그룹으로 팀을 나눠 '가~하' 만들기 대결을 진행해도 좋아요. 이때, '가부터 하까지 순서대로 만들 것', '주어진 공간 안에 모든 글자가 들어가게 할 것'과 같은 조건을 제시해 난이도를 조절할 수 있어요.

🎈 **놀이 속 배움과 성장**
① 조건에 맞는 낱말을 떠올리며 생각하는 힘을 기를 수 있어요.
② 다양한 낱말을 행동으로 표현하며 표현력을 기를 수 있어요.

사과가 '아삭'

딸이 '아파'

'사랑'해요 하트

파도치는 '바다'

'알람'이 시끄러워요

'아가'가 울고 있어요

그림책 <가나다 아저씨>

'가~하'로 말하는 가나다 아저씨의 이야기예요.

이야기 속 장소나 강아지의 이름이 '가~하'로 지어져 있어요.

✌️ **책 표지 탐색하기**

❶ 제목을 같이 읽어 볼까요? 가나다 아저씨는 누구일까요?
❷ 이 아저씨는 왜 가나다 아저씨일까요?
❸ 그림에서 또 어떤 것들이 보이나요?
❹ 이 책의 이야기는 김수희 작가님이 지으셨고, 그림은 유하영 작가님이 그리셨어요. 책은 크레용하우스에서 만들었어요.
❺ (판권을 보며) 〈가나다 아저씨〉는 2016년 12월 10일에 처음 태어났는데, 우리가 보는 이 책은 2018년 10월 10일에 2번째로 더 만들어진 책이에요.

✌️ **책 면지 탐색하기**

❶ 무엇이 있나요? 가나다 한글들이 있네요.
❷ '가'를 찾아볼까요? '가' 주변에는 어떤 글자들이 있나요?
❸ '하'는 몇 개 있을까요?
❹ (속표지를 보며) 아저씨가 무엇을 하고 있나요?
❺ 강아지는 아저씨가 키우는 강아지일까요?

✌️ **책 내용 탐색하기**

❶ (1번째 장의 검정 글자만 읽은 후) 어떤 꿈을 꾸는 것 같나요? (이야기 나눈 후 색종이 글자를 가리키며) 같이 읽어 볼까요?
❷ (2번째 장의 검정 글자만 읽은 후) 가나다 아저씨가 일어나네요. 우리도 '카아!' 하면서 일어나 볼까요?
❸ (3번째 장의 검정 글자만 읽은 후) 가나다 아저씨가 사려고 적은 것을 같이 읽어 볼까요? (색종이 글자 손가락으로 가리키기)
❹ (4번째 장의 그림을 보며) 가나다 아저씨는 어디에 있나요? 어디로 갈 것 같나요?

• 자연물로 만드는 가나다 •

🎈 **놀이 도구** 다양한 종류의 자연물, 그림책 낱말 카드

🎈 **놀이 방법**
① 짝꿍과 함께 그림책에서 나왔던 'ㅏ' 낱말 카드 하나를 뽑는다.
② 자연물을 모아 낱말 카드의 낱말을 만든다.
③ 짝꿍과 회의를 통해 만들고 싶은 낱말을 정하고 자연물로 만든다.
④ 자유롭게 친구들이 만든 자연물 낱말을 둘러본다.
⑤ 모두 모여서 다른 팀이 만든 낱말을 설명하면 어떤 낱말인지 맞힌다.

💡 **놀이 TIP**
① 아이들이 쉽게 자연물을 구할 수 있는 가을에 활동하는 것이 좋아요.
② 낱말을 설명할 때 말이나 행동 중 한 가지 방법을 선택하는 것도 좋아요.

🎈 **놀이 속 배움과 성장**
① 글자를 만들기 위해 자연물을 찾으며 자연의 아름다움을 느끼고 즐길 수 있어요.
② 말이나 행동으로 낱말을 설명하며 표현력을 기를 수 있어요.

자연물을 주워요

인어 공주의 꼬리를 표현해요

파도치는 바다를 표현해요

바나나를 만들었어요♥

자연물로 만든 '사과'

자연물로 만든 '도로'

2장 / 한글이랑 놀아요!

그림책 <가나다는 맛있다>

'가~하', '아~이'의 각 글자로 시작하는 음식이 나와요.

음식과 관련된 재미있는 상황이 그림으로 표현되어 있어요.

✌️ 책 표지 탐색하기

❶ (제목의 '맛있다'를 가리고) 제목 주변에 어떤 그림들이 보이나요?

❷ 그림책의 제목은 〈가나다는 ○○○〉예요. 제목이 무엇일까요?

❸ 제목은 〈가나다는 맛있다〉예요. 어떤 이야기가 나올까요?

❹ 제목의 'ㅁ'에 있는 표정은 어떤 표정인 것 같나요?

❺ 제목의 'ㅇ'은 어떤 모양인 것 같나요?

❻ 여기 있는 음식 중 어떤 음식이 제일 맛있어 보이나요?

❼ 이 책의 이야기는 우지영 작가님이 지으셨고, 그림은 김은재 작가님이 그리셨어요. 책은 책읽는곰에서 만들었어요.

❽ (판권을 보며) 〈가나다는 맛있다〉는 2016년 9월 23일에 처음 태어났는데, 우리가 보는 이 책은 2021년 4월 26일에 9번째로 더 만들어진 책이에요.

✌️ 책 내용 탐색하기

❶ ('가' 이야기를 읽은 후) 생쥐가 무엇을 하고 있나요? 감을 왜 간지럽게 하는 걸까요?

❷ 손으로 감을 만들어 볼까요? 옆에 있는 친구의 감을 간질간질 간지럽혀서 움직여 볼까요?

❸ ('까' 이야기를 읽은 후) 무들이 왜 줄을 서 있는 걸까요? (무들의 이야기를 읽은 후) 어떻게 생겨야 깍두기가 될 수 있는 것 같나요?

❹ ('나' 이야기를 읽은 후) 재료들이 모두 어떻게 생겼나요? '나박나박'은 어떤 뜻일까요?

❺ ('다' 이야기를 읽은 후) 달걀말이는 어떻게 만드는 음식인가요? '다르르'는 어떤 뜻일까요? 달걀처럼 다르르 굴러 볼까요?

❻ ('가, 까, 나, 다'를 순서대로 넘기며) 다음에는 어떤 글자 이야기가 나올까요?

❼ '따'에서는 어떤 음식이 나올까요?

가나다 음식 월드컵

🎈 **놀이 도구** 그림책 장면 카드, 마스킹 테이프, 뽑기 상자, 대진표용 전지

🎈 **놀이 방법**
1. 그림책에 나온 음식 중 가장 먹고 싶은 음식과 먹고 싶은 이유를 이야기 나눈다.
2. 그림책 장면 카드를 보며 어떤 음식이 있었는지 확인한다.
3. 우리 반이 가장 먹고 싶은 음식을 알아 내는 방법에 대해 이야기 나눈다.
4. 토너먼트 방식에 대해 알아보고, 뽑기 상자에서 그림책 장면 카드를 뽑아 가나다 음식 월드컵 대진표를 만든다.
5. 바닥에 마스킹 테이프를 붙여 구분한다.
6. 대진표에 따라 두 음식의 위치를 정하고, 신호에 맞춰 내가 더 먹고 싶은 음식 쪽으로 이동한다.
7. 우리 반의 가나다 음식 월드컵의 우승 음식을 가린다.

> 💡 **놀이 TIP**
> 1. 학급 상황에 따라 토너먼트 대진표를 만들지 않고 즉석에서 뽑기로 놀이를 진행할 수 있어요.
> 2. '토너먼트 프로그램'을 검색해 활용하면 간단하게 진행할 수 있어요.
> 3. 가장 먹고 싶은 음식을 그림으로 표현해 투표하며 토너먼트 방식은 대진표에 따라 결과가 달라질 수 있음을 알아봐도 좋아요.

🎈 **놀이 속 배움과 성장**
1. 각자 좋아하는 음식을 선택하는 놀이를 통해 서로 다른 의견을 수용하는 태도를 기를 수 있어요.

'감'이 맛있지!

'빵'보단 '바나나'!

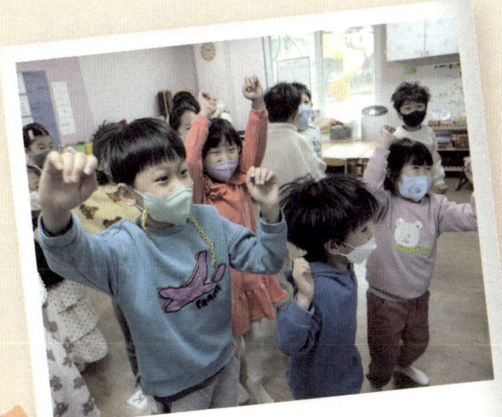

음식 월드컵 1위는?

1위는 바로 라면!

2장 / 한글이랑 놀아요!

• 생쥐 요리사의 마지막 음식은 바로~ •

🎈 **놀이 도구** 활동지, 연필, 채색 도구, 스티커

🎈 **놀이 방법**
① 그림책 장면을 넘기며 나온 음식들을 회상한다.
② 그림책 마지막 장을 보며 생쥐 요리사가 준비한 마지막 음식을 상상한다.
③ 그림책의 규칙을 떠올리며 '이' 번에는 어떤 음식이 나올지 상상한다.
④ 'ㅣ'가 들어가는 음식은 어떤 것이 있는지 이야기 나눈다.
⑤ 내가 상상한 마지막 음식을 그림으로 표현하고, 음식의 이름과 간단한 소개를 적는다.
⑥ 자유롭게 내가 상상한 음식을 친구들에게 소개한다.
⑦ 친구들의 음식 소개를 듣고 내가 먹고 싶은 음식에 미리 나눠 준 스티커를 붙인다.

💡 **놀이 TIP**
① 자유롭게 상상할 때 아이들이 떠올린 음식 이름을 칠판에 적고, 'ㅣ'가 들어가는 음식을 찾는 방법으로 진행해도 좋아요.
② 먹고 싶은 음식이 많을 수 있음을 이야기하고, 교사가 먼저 적극적으로 스티커를 붙이며 많은 친구의 작품에 관심을 표현할 수 있는 분위기를 만들어 주세요.
③ 잘 그린 음식이 아닌 먹고 싶은 음식에 붙이는 것이므로, 취향에 따라 스티커가 적거나 많을 수 있음을 미리 이야기 나눠 주세요.

🎈 **놀이 속 배움과 성장**
① 이야기에서 찾은 규칙을 조건으로 이야기를 만들며 생각하는 힘을 기를 수 있어요.
② 친구들에게 내가 그린 음식을 소개하며 다양한 어휘를 활용할 수 있어요.

내가 생각한 음식을 소개해요

친구가 그린 그림과
내가 그린 음식을 비교해요

내가 가장 먹고 싶은
음식을 그려요

내가 예상한 음식을 그려요

2장 / 한글이랑 놀아요!

그림책 <바다로 간 곰>

\# 방향을 돌려도 읽을 수 있는 글자들이 등장해요.

\# 방향을 바꾼 여러 글자로 새로운 낱말을 만들 수 있어요.

✌️ 책 표지 탐색하기

1. (제목을 가리고) 어떤 것들이 보이나요? 책 제목이 무엇일까요?
2. (제목의 '바다'만 가리고) 〈OO로 간 곰〉이에요. 어디로 간 곰일까요?
3. 이 곰은 왜 바다로 갔을까요?
4. 이 책은 양미주 작가님이 이야기를 지으셨고, 파란자전거에서 만들었어요.
5. (판권을 보며) 〈바다로 간 곰〉은 2017년 11월 20일에 태어났어요. 그럼 지금 몇 살일까요?

✌️ 책 면지 탐색하기

1. 어떤 것들이 보이나요? 숨어 있는 낱말들을 읽어 볼까요?
2. (속표지를 보며) 곰 글자 주변에 무엇이 생겼나요?
3. 이 물방울들은 왜 생긴 걸까요?

✌️ 책 내용 탐색하기

1. (1번째 장을 읽은 후) 곰이 어떻게 생겼나요?
2. (3번째 장을 읽은 후) 공책의 '공'은 무엇으로 글자가 만들어졌나요?
3. (5번째 장을 읽은 후) 웅덩이의 '웅'은 무엇으로 글자가 만들어졌나요?
4. 곰은 이번에 정말 바다에 풍덩 뛰어들었을까요?
5. (6번째 장을 읽은 후) 여기는 바다일까요? 왜 바다가 아닐까요? 어디인 것 같나요?
6. (7번째 장을 읽은 후) 왜 빨간색으로 표현되어 있었을까요?
7. (이야기가 끝난 후 뒤 면지를 보며) 어떤 글자들이 숨어 있나요? (방향을 돌려서도 읽어 보기)

• 내 이름 디자인 •

🎈 **놀이 도구** 그림책 장면 카드, 도화지, 연필, 채색 도구

🎈 **놀이 방법**
❶ 그림책 장면을 넘기며 특별한 모양으로 보이는 글자들을 찾는다.
❷ 글자가 있는 그림책 장면 카드를 보며 그려진 글자를 소리 내 읽는다.
❸ 글자가 어떤 모양으로 만들어져 있는지 이야기 나눈다.
❹ 내 이름을 그림책의 글자처럼 디자인한다면 어떻게 그리면 좋을지 생각한다.
❺ 나와 관련되거나 내가 좋아하는 것의 모양으로 내 이름을 디자인한다.
❻ 자유롭게 내가 디자인한 이름을 친구들에게 소개한다.

💡 **놀이 TIP**
❶ 내가 디자인한 이름을 활용해 가방 이름표를 만들거나 삼각대 이름표를 만들어 책상에 붙여도 좋아요.
❷ 상황에 따라 아이들의 이름을 연한 회색으로 적어 도안을 제공해도 좋아요.

🎈 **놀이 속 배움과 성장**
❶ 나와 관련되거나 내가 좋아하는 것의 모양으로 이름을 표현하며 자신을 이해하고 소중하게 여길 수 있어요.
❷ 모양을 그려 한글 자모음을 표현하며 창의력과 표현력을 기를 수 있어요.

내 이름 표현하기

내 이름 표현하기

내 이름 표현하기

내가 좋아하는 것 표현하기

내가 좋아하는 것 표현하기

내가 좋아하는 것 표현하기

2장 / 한글이랑 놀아요!

· 자르고 붙이고 낱말 만들기 ·

🎈 **놀이 도구** 그림책 장면 카드, 1~4글자 비어 있는 낱말 카드, 연필, 가위, 풀, 도화지

🎈 **놀이 방법**
1. 그림책에서 곰과 '오'가 만나 무엇이 되었는지 회상하고, 어떻게 글자가 움직였는지 이야기 나눈다.
2. 그림책 장면 카드를 바르게 두고 소리 내 읽은 후, 방향을 돌려 새로운 글자를 만든다.
3. 1~4글자 비어 있는 낱말 카드에 같은 글자 수의 낱말을 떠올려 적는다.
4. 점선을 따라 낱말 카드를 자르고, 잘려 있는 글자들을 조합해 새로운 낱말을 만든다.
5. 4~5명으로 팀을 나눠 팀 친구들과 함께 비어 있는 낱말 카드를 채운다.
6. 점선을 따라 낱말 카드를 자르고, 새로운 낱말을 만들어 도화지에 붙인다.
7. 자유롭게 다른 팀 친구들의 도화지를 보며 어떤 낱말이 있는지 읽어 보고, 원래 어떤 낱말들이었을지 예상해 본다.

💡 **놀이 TIP**
1. 돌려도 읽을 수 있는 글자가 있음을 가볍게 짚어 주고, 아이들도 글자를 돌려서 활용할 수 있도록 격려해 주세요.
2. 다른 팀 친구들에게 원래 생각한 낱말을 알려 주고, 글자가 어디로 갔는지 찾아보는 퀴즈 놀이를 해도 좋아요.

🎈 **놀이 속 배움과 성장**
1. 빈칸에 맞는 낱말을 떠올리고, 음절을 조합해 낱말을 만들며 어휘력이 커져요.
2. 가위로 점선을 오리며 소근육이 발달할 수 있어요.

카드와 글자 수가 맞는
낱말을 적어요

한 글자씩 잘라요

자른 글자로
새로운 낱말을 만들어요

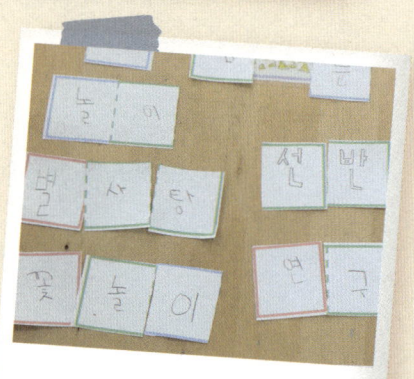
낱말을 만들었어요!

다른 팀 친구들이 만든
낱말을 둘러봐요

다른 팀 책상에 가서
원래 낱말을 찾아요

그림책 <고구마구마>

\# 고구마의 생김새에 따라 '~구마'로 말해요.

\# 생김새가 서로 달라도
모두 소중한 존재임을 이야기 나눌 수 있어요.

✌ 책 표지 탐색하기

① 제목을 같이 읽어 볼까요? 고구마가 몇 개 그려져 있나요?
② 고구마들의 모습이 어떤가요?
③ (뒤표지를 보며) 여기 있는 글을 같이 읽어 볼까요? 고구마들이 어디에 들어가 있나요?
④ 어떤 이야기가 나올 것 같나요?
⑤ 이 책은 사이다 작가님이 이야기를 지으셨고, 반달에서 만들었어요.
⑥ (판권을 보며) 〈고구마구마〉는 2017년 2월 27일에 처음 태어났는데, 우리가 보는 이 책은 2019년 9월 10일에 8번째로 더 만들어진 책이에요.

✌ 책 면지 탐색하기

① 이것은 무엇일까요? 무엇의 나뭇잎일까요? 고구마는 어디에 있을까요?

✌ 책 내용 탐색하기

① (1번째 장을 보며) 고구마가 다 같이 뽑혔네요. 어떻게 생겼나요?
② (4번째 장을 읽은 후) 고구마들의 말투가 어떤가요?
③ 다 다르게 생긴 고구마들의 맛은 어떨 것 같나요?
④ (5번째 장을 보며) 무엇을 시작할 것 같나요? 고구마를 어떻게 먹을 수 있을까요?
⑤ (6번째 장을 읽은 후) 작은 고구마는 왜 냄비에 들어가지 않았을까요?
⑥ (7번째 장을 읽은 후) 찐 고구마와 군고구마 중 어떤 것을 더 좋아하나요?
⑦ 또 어떤 방법이 있을까요?
⑧ (11번째 장을 읽은 후 방귀 부분을 가리키며) 이건 무엇일까요?

고구마 이름 지었구마

🎈 **놀이 도구** 고구마, 라벨 스티커, 눈 코 입 스티커, 연필, 채색 도구

🎈 **놀이 방법**
1. 그림책 속 고구마의 생김새를 보며 어떤 특징이 있는지 이야기 나눈다.
2. 고구마를 자세히 관찰하며 내 고구마의 특징을 찾는다.
3. 내 고구마의 특징으로 '~구마' 이름을 지어 라벨 스티커에 적는다.
4. 꾸미기 재료로 내 고구마를 멋지게 꾸미고 이름표를 붙인다.
5. 자유롭게 내 고구마를 친구들에게 소개한다.

💡 **놀이 TIP**
1. 상황에 따라 고구마를 하나만 제공해 '나만의 멋쟁이 고구마' 활동으로 진행하거나 고구마를 여러 개 제공해 각각 다른 특징을 발견하여 서로 다른 이름을 지어 주는 활동을 진행해도 좋아요.
2. 가정 연계 활동으로 그림책에 나온 다양한 요리 방법을 참고해 고구마를 먹거나 고구마를 직접 키우는 활동을 진행해도 좋아요.

🎈 **놀이 속 배움과 성장**
1. 고구마를 자세히 관찰해 고구마의 특징을 스스로 발견하며 탐구 과정을 즐길 수 있어요.
2. 고구마의 특징과 관련된 이름을 지으며 상상력과 창의력을 기를 수 있어요.

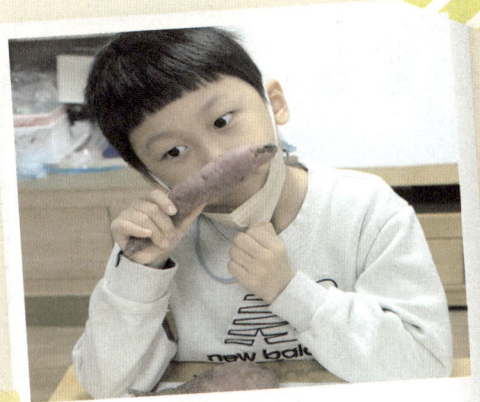

고구마 탐색하기

고구마 이름 지었구마

내 고구마 소개하기

이름이 제일 잘 어울리는
고구마 투표하기

2장 / 한글이랑 놀아요!

그림책 <고구마유>

\# 생김새와 방귀 능력이 모두 다른 고구마들이 나와요.

\# 다른 사람과 협동해 문제를 해결하는 방법에 대해 이야기 나눌 수 있어요.

✌️ 책 표지 탐색하기

1. 제목을 같이 읽어 볼까요? 고구마가 몇 개 그려져 있나요?
2. 작은 고구마들은 무엇을 하는 걸까요?
3. 큰 고구마 위에 있는 집은 누구의 집일까요?
4. (뒤표지를 보며) 작은 고구마가 뭐라고 말하고 있나요?
5. 고구마가 우리에게 퀴즈를 내는 걸까요, 우리에게 물어보는 걸까요?
6. 이 책은 사이다 작가님이 이야기를 지으셨고, 반달에서 만들었어요.
7. (판권을 보며) 〈고구마유〉는 2021년 10월 20일에 태어났어요. 그럼 지금 몇 살일까요?

✌️ 책 면지 탐색하기

1. (속표지를 보며) 작은 고구마가 뭐라고 말하고 있나요?
2. 왜 여기가 어디인지, 자기가 누군지 모르는 걸까요?

✌️ 책 내용 탐색하기

1. (2번째 장을 읽은 후) 고구마들의 이름은 어떻게 지어진 걸까요?
2. (3번째 장을 읽은 후) 고구마들의 이름이 무슨 소리인가요?
3. 왜 서로 거리를 두지 않으면 위험한 걸까요?
4. (4번째 장을 읽은 후) 어떻게 구해 줄 수 있을까요?
5. (6번째 장을 읽은 후) 이번엔 어떻게 해결할까요?
6. (12번째 장을 읽은 후) 창문을 왜 여는 걸까요?
7. (13번째 장을 읽은 후) 작은 고구마는 방귀 소리가 있었나요?
8. (이야기가 끝난 후 뒤표지를 보며) 작은 고구마의 이름은 무엇일까요?

• 고구마유 말투로 말해 봐유 •

🎈 **놀이 도구** 활동지, 연필, 채색 도구

🎈 **놀이 방법**
1. 그림책에서 고구마들이 어떤 말투로 말했는지 이야기 나눈다.
2. 고구마유 말투로 일상 이야기를 나눈다.
   (예) 오늘 아침에 뭐 먹었어유? 무슨 캐릭터 좋아해유?
3. 기억을 잃은 동그란 고구마의 이름은 무엇일지 생각을 나눈다.
4. 활동지에 그림책 속 동그란 고구마를 그림으로 표현하고, 내가 생각하는 고구마의 이름과 그렇게 생각한 이유를 적는다.
5. 자유롭게 내가 생각한 이름을 친구들에게 소개한다.

💡 **놀이 TIP**
1. 하루 동안 고구마유 말투로 이야기하기 미션을 해도 좋아요.
2. 고구마유 말투는 충청도 사투리임을 소개하며, 지역별로 말투가 다를 수 있다는 것을 알아봐도 좋아요.

🎈 **놀이 속 배움과 성장**
1. 고구마유 말투로 이야기를 나누며 말놀이를 즐길 수 있어요.
2. 이야기 주제에 따라 자신의 경험이나 생각을 말하며 의사소통 능력을 기를 수 있어요.

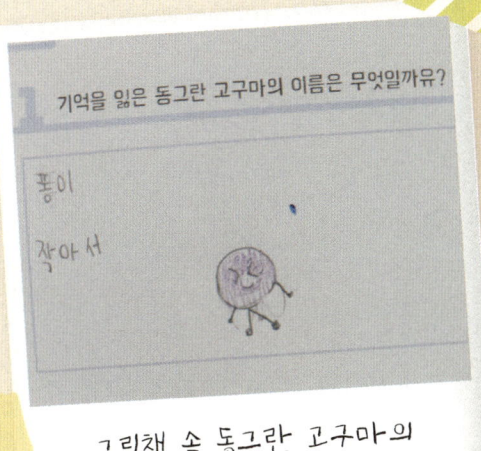

그림책 속 동그란 고구마의
이름을 지어요

뽀오옹

뽕이

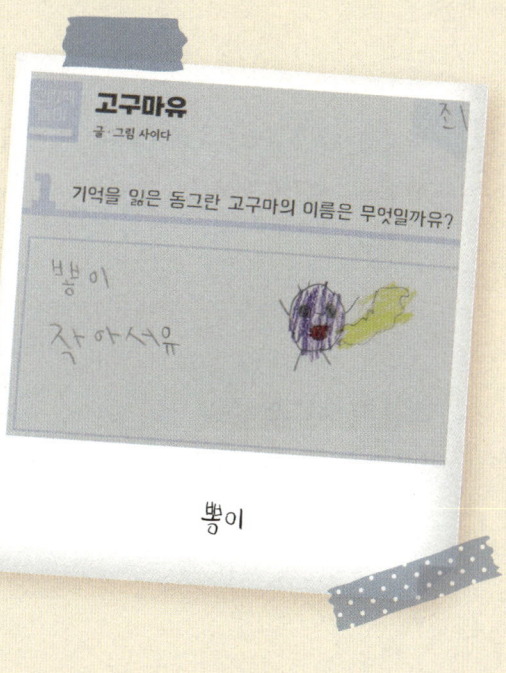

뽕이

2장 / 한글이랑 놀아요!

· 내 방귀에 초능력이 있다면? ·

🎈 **놀이 도구** 활동지, 연필, 채색 도구

🎈 **놀이 방법**
① 그림책의 고구마들이 방귀를 뀌어서 어떤 일이 생겼는지 이야기 나눈다.
② 만약 내 방귀에 초능력이 있다면 어떤 능력일지 상상한다.
③ 내 진짜 방귀 소리에 대해 이야기 나눈다.
④ 내 초능력 방귀는 어떤 소리가 날지 상상한다.
⑤ 활동지에 초능력 방귀를 뀌는 모습을 그림으로 표현하고, 초능력 방귀의 소리와 능력을 적는다.
⑥ 자유롭게 나의 초능력 방귀를 친구들에게 소개한다.

💡 **놀이 TIP**
① 초능력 방귀의 능력을 상상할 때 나에게 필요한 힘에 대해 생각할 수 있도록 도와주세요.
② 초능력 방귀를 뀌어서 내가 원하던 것을 이루는 모습을 그림으로 표현할 수 있도록 도와주세요.

🎈 **놀이 속 배움과 성장**
① 실제로 일어날 수 없는 초능력을 주제로 이야기를 만들며 창의적 표현을 할 수 있어요.

내가 원하는
초능력 방귀를 표현해요

하늘 나라에 가는 능력

하늘에 올라가는 능력

구름 위로 올라가는 능력

2장 / 한글이랑 놀아요!

그림책 〈간장 공장 공장장〉

\# 된장, 고추장, 간장, 쌈장, 강된장 공장의 공장장들이 만나 생기는 이야기예요.

\# 이야기를 듣고 말하며 발음 연습을 할 수 있어요.

✌ 책 표지 탐색하기

❶ 제목을 같이 읽어 볼까요? 간장 공장 공장장이 무슨 뜻일까요?

❷ 누가 길을 건너고 있나요? 어떤 이야기가 나올 것 같나요?

❸ 이 책의 이야기는 한세미 작가님이 지으셨고, 그림은 대성 작가님이 그리셨어요. 책은 꿈터에서 만들었어요.

❹ (판권을 보며) 〈간장 공장 공장장〉은 2015년 4월 30일에 처음 태어났는데, 우리가 보는 이 책은 2020년 3월 23일에 3번째로 더 만들어진 책이에요.

✌ 책 내용 탐색하기

❶ (2번째 장을 읽은 후) 이번에는 어떤 공장의 공장장이 등장할까요?

❷ (7번째 장을 보며) 이 초록색 캐릭터는 누구일까요? 왜 간장, 된장, 고추장 공장장들을 찾았을까요?

❸ (9번째 장을 읽은 후) 이번에 찾아온 빨간색 캐릭터는 누구일까요? 왜 길을 막았을까요?

❹ (13번째 장을 읽은 후) 된장 공장 공장장은 어떤 걸 물어볼까요?

• 재미있는 말놀이(절대 음감 + 빠른 말놀이) •

🎈 **놀이 도구** 칠판, 보드 마커, 두 가지 색의 원형 자석, 타이머

🎈 **놀이 방법**

[절대 음감]

① 그림책에 나오는 낱말들을 회상하고, 가장 마음에 드는 낱말을 칠판에 크게 적는다.
② 첫 번째 글자 위에 빨간색 자석을 붙이고, 나머지 글자 아래에 파란색 자석을 붙인다.
③ 빨간색 자석은 높은음, 파란색 자석은 낮은음으로 구분해 읽는다.
④ 절대 음감 게임 방법대로 자석을 옮기며 연습한 후 자석 없이 절대 음감 게임을 한다.
⑤ 익숙해지면 다른 낱말로 게임을 하고 정확하고 빠르게 말하기 대결을 한다.

[빠른 말놀이]

① 그림책 이름을 칠판에 적고 가장 많이 나오는 글자가 몇 번 나오는지 찾는다.
② '간장 공장 공장장은 강 공장장이고 된장 공장 공장장은 공 공장장이다'를 칠판에 적고 의미를 이야기 나눈 후, 함께 소리 내 읽는다.
③ 익숙해지면 정확하고 빠르게 말하기 대결을 하고, 다른 말놀이도 소개한다.

💡 **놀이 TIP**

① 아이들이 익숙해질 때까지는 자석이나 손으로 음높이를 표시해 주면 좋아요.
② 가정에서 말놀이를 즐길 수 있도록 말놀이를 적어 주거나 인쇄해 줘도 좋아요.

🎈 **놀이 속 배움과 성장**

① 이야기 속의 낱말과 문장으로 말놀이를 즐기며 읽기에 관심을 가질 수 있어요.
② 빠른 말놀이 문장을 통해 새로운 낱말을 익히며 어휘력을 기를 수 있어요.

재미있는 빠른말놀이 1탄

간장 공장 공장장은
강 공장장이고
된장 공장 공장장은
공 공장장이다.

빠른 말놀이 1탄

세준 6.3초 준우 8.9초
송연 4.5초
로아 5.1초 이승은 5.3초
현 4.5초

가장 빠르게 말하는 어린이는?

재미있는 빠른말놀이 2탄

내가 그린 기린 그림은
목이 긴 기린 그림이고
네가 그린 기린 그림은
목이 안 긴 기린 그림이다.

빠른 말놀이 2탄

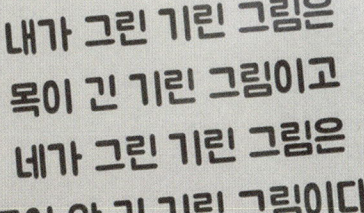
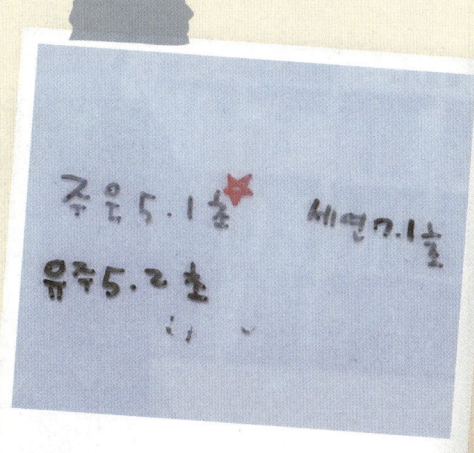

주원 5.1초   세연 7.1초
유주 5.2초

가장 빠르게 말하는 어린이는?

2장 / 한글이랑 놀아요!

그림책 〈딩동 거미〉

\# 장난을 좋아하는 거미가 먹이를 옮기는 개미들과
수수께끼 놀이를 하는 이야기예요.

\# 거미가 왜 수수께끼를 내는지,
마지막 문제는 무엇일지 예상할 수 있어요.

✌ 책 표지 탐색하기

1. (제목을 가리고) 그림에 무엇이 보이나요? 거미의 표정이 어떤가요?
2. 거미는 왜 이런 표정을 짓고 있을까요?
3. 이 그림책의 제목은 〈○○ ○○〉예요. 제목이 무엇일까요?
4. (제목을 공개하고) '딩동'은 무슨 의미일까요?
5. (뒤표지를 보며) 개미들이 무엇을 가지고 있나요?
6. 개미들의 표정이 어떤가요? 어떤 상황인 것 같나요?
7. 이 책은 신성희 작가님이 이야기를 지으셨고, 한림출판사에서 만들었어요.
8. (판권을 보며) 〈딩동 거미〉는 2017년 9월 12일에 처음 태어났는데, 우리가 보는 이 책은 2021년 4월 12일에 5번째로 더 만들어진 책이에요.

✌ 책 면지 탐색하기

1. 다양한 표정을 한 거미들이 있네요.
2. 표정은 다르지만 기분은 모두 어떤 것 같나요? 왜 그런 기분일까요?
3. (속표지를 보며) 여기서는 무엇을 하고 있는 걸까요?

✌ 책 내용 탐색하기

1. (1번째 장을 읽은 후) 장난꾸러기 거미가 어떤 장난을 할 것 같나요?
2. (2번째 장을 읽은 후) 거미가 만든 모양은 어떤 모양인가요?
3. 어떻게 하면 바쁜 개미들이 이야기를 들어 줄까요? 여러분이 거미라면 어떻게 할 수 있을까요?
4. (3번째 장을 읽은 후) 개미들의 표정이 어떤가요? 왜 이런 표정일까요?
5. (6번째 장을 읽은 후) 이번에는 어떤 모양을 만들었나요?
6. (9번째 장을 읽은 후) 또 어떤 모양을 만들 수 있을까요?
7. (12번째 장을 읽은 후) 어떤 일이 생길까요? (거미가 '쉿' 표시하고 있음) 거미가 왜 조용히 하라고 하는 걸까요?

• 딩동! 퀴즈 놀이 •

🎈 **놀이 도구** 녹음 벨, 칠판, 보드 마커

🎈 **놀이 방법**
① 4~5명으로 팀을 나누고 팀 친구들과 회의를 해서 팀 이름을 정한다.
② 다른 팀 친구들에게 낼 퀴즈를 정한다.
③ 우리 팀 이름을 녹음 벨에 녹음해 게임 버저를 준비한다.
④ 한 팀이 앞에 나와서 퀴즈를 내면 다른 팀 친구들이 문제를 맞힌다. 이때, 게임 버저를 가장 빠르게 누른 팀에게 맞힐 기회를 준다.
⑤ 정답을 맞히면 칠판에 점수를 기록하고, 모든 팀이 퀴즈를 내고 난 후 가장 많이 맞힌 팀을 축하한다.

💡 **놀이 TIP**
❶ 퀴즈를 정할 때 팀 친구들과 각각 다른 문제를 낼 수 있도록 미리 이야기 나눠 주세요.
❷ 팀별로 퀴즈 주제를 정해서 놀이를 해도 좋아요. (예) 과일, 동물, 캐릭터 등
❸ 아이들끼리 게임을 진행해도 좋고, 교사가 사회자 역할을 해도 좋아요.
❹ 핸드 벨이나 종으로 게임 버저를 대체해도 좋아요.

🎈 **놀이 속 배움과 성장**
① 친구들이 내는 퀴즈를 집중해서 듣고 게임 버저를 빠르게 눌러 정답을 맞히며 집중력과 순발력을 기를 수 있어요.
② 퀴즈가 겹치지 않도록 팀 친구들과 소통하면서 서로 존중하고 양보하는 태도를 기를 수 있어요.

게임 버저를 녹음해요

우리 팀의 문제를 함께 정해요

친구들과 문제 내기 연습을 해요

딩동! 퀴즈 놀이를 해요

• 거미를 피해 글자를 모아라! •

🎈 **놀이 도구**   마스킹 테이프, 자모음 글자 자석, 칠판, 모래시계

🎈 **놀이 방법**

❶ 바닥에 마스킹 테이프를 붙여서 만든 거미줄 위에 자모음 글자 자석을 뿌려 두고, 거미줄 바깥에 출발 지점을 표시한다.
❷ 팀을 나눈 후 개미팀 2명은 출발 지점에, 거미팀 2명은 거미줄 끝에 선다.
❸ 모래시계를 뒤집으며 게임을 시작한다.
❹ 개미팀은 거미팀 친구들과 거미줄을 피해 글자 자석을 모아서 칠판에 붙이고, 거미팀은 거미줄만 밟으며 이동해 개미팀 친구들을 잡는다.
❺ 거미팀에게 잡힌 개미 아이는 손에 있던 글자 자석을 놓고 출발 지점으로 간다.
❻ 모래시계가 끝나기 전에 낱말을 만들어 크게 읽으면 개미팀이 승리한다.

> 💡 **놀이 TIP**
>
> ❶ 게임 시간이나 인원을 조절하여 모든 팀이 낱말을 만드는 경험을 할 수 있도록 도와주세요.
> ❷ 낱말 또는 그림과 낱말이 함께 있는 카드를 거미줄에 두고, 교사가 말하거나 설명하는 낱말 카드를 찾아오는 방법으로 진행해도 좋아요.
> ❸ 게임을 하는 날에는 개미와 거미처럼 검정색 옷을 입고 등원하도록 안내해도 좋아요.

🎈 **놀이 속 배움과 성장**

❶ 거미 친구를 피하거나 개미 친구를 잡기 위해 신체를 다양하게 움직이며 신체 조절 능력을 기를 수 있어요.
❷ 신체 놀이를 통해 낱말을 만들며 자모음 결합 원리를 경험할 수 있어요.

거미를 피해
자음과 모음을 모아요

술래는 거미줄만 밟아요

낱말을 만들어요

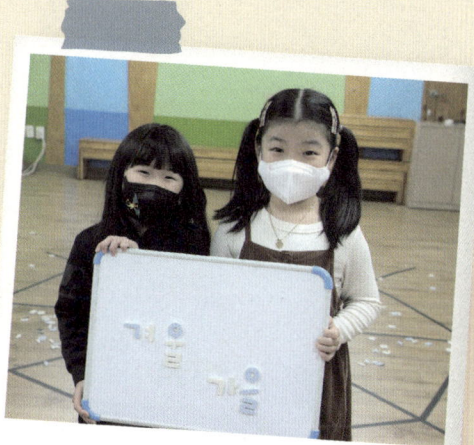

글자 모으기 성공!

2장 / 한글이랑 놀아요!

한글이랑 친해져요!

그림책 <요리요리 ㄱㄴㄷ>

\# 자음 순서대로 자음으로 시작하는 샌드위치 요리 과정이 나와요.

\# 이야기와 어울리는 의성어와 의태어가 나와요.

✌️ 책 표지 탐색하기

1. (제목을 가리고) 'ㄱ'을 먹고 있는 것은 누구인가요? 곰이 무엇을 번쩍 들고 있나요? 'ㄷ' 위에 있는 아이는 머리에 무엇을 쓰고 있나요?
2. 이 책의 제목은 〈ㅇㅇㅇㅇ ㄱㄴㄷ〉이에요. 이걸 하려면 앞치마를 해야 해요.
3. 어떤 요리를 할 것 같나요? 왜 요리를 할 것 같나요?
4. 이 책은 정인하 작가님이 이야기를 지으셨고, 책읽는곰에서 만들었어요.
5. (판권을 보며) 〈요리요리 ㄱㄴㄷ〉은 2013년 9월 31일에 처음 태어났는데, 우리가 보는 이 책은 2018년 5월 15일에 5번째로 더 만들어진 책이에요.

✌️ 책 면지 탐색하기

1. (오른쪽 면지의 그림을 가리고) 주인공들이 무엇을 하고 있나요? 재미있게 블록 놀이를 하다가 꼬르륵 소리가 나네요. 꼬르륵은 언제 나는 소리일까요?
2. (속표지를 보며) 재료들이 준비되어 있네요. 어떤 재료들이 있나요? 식빵, 치즈, 토마토.
3. 어떤 요리를 할 것 같나요? 소시지는 왜 이렇게 하고 있을까요?

✌️ 책 내용 탐색하기

1. (문장 속 'ㄱ'을 강조하며 읽기) 감자 칼로 감자 껍질을 스윽스윽 벗기고 있네요.
2. (문장 속 'ㄴ'을 강조하며 읽기) 감자를 냄비에 찌고 있대요. 찌는 건 어떻게 하는 걸까요? 감자를 물에 퐁당 빠뜨리지 않고 어떻게 했나요? 왜 젓가락으로 쿡 찌르는 걸까요?
3. (앞의 'ㄱ' 장과 'ㄴ' 장을 비교하며) 'ㄱ'이랑 'ㄴ'이랑 뭔가 달라진 것 같네요. 다음은 어떤 자음일까요? (달라진 배경 색이 그림과 관련 있음을 아이들이 발견하도록 유도)
4. (문장 속 'ㄷ'을 강조하며 읽기) 달그락달그락은 어떤 말일까요? 아이랑 곰의 표정이 어떤가요? 왜 놀랐을까요?
5. (문장 속 'ㄹ'을 강조하며 읽기) 달걀이랑 감자랑 함께 으깨면 어떻게 될까요?
6. 다음은 어떤 자음일까요? 'ㅁ'에서는 어떤 이야기가 나올까요? 힌트! 'ㅁ'으로 시작하는 재료를 넣어요.

• ㄱㄴㄷ 샌드위치 만들기 •

🎈 **놀이 도구** 식빵, 삶은 감자, 삶은 달걀, 마요네즈, 양상추, 치즈, 토마토, 접시, 도마, 빵칼, 숟가락, 앞치마, 머릿수건

🎈 **놀이 방법**
① 그림책 장면을 넘기며 샌드위치를 만드는 과정을 회상한다.
② 그림책에서는 어떤 순서로 샌드위치를 만들었는지 이야기 나눈다.
③ 자음 순서대로 그림책과 같은 모양의 샌드위치를 만들지, 원하는 순서로 원하는 모양의 샌드위치를 만들지 이야기 나눈다.
④ 아이들이 희망하는 방법으로 나만의 'ㄱㄴㄷ 샌드위치'를 만든다.
⑤ 완성된 샌드위치를 맛있게 먹는다.

> 💡 **놀이 TIP**
> ① 안전과 시간 절약을 위해 감자와 달걀은 미리 삶아 껍질을 제거해 두는 것이 좋아요. 이때, 아이들에게 'ㄷ'까지 선생님이 미리 준비했다고 말하며 내용 순서를 회상할 수 있도록 도와주세요.
> ② 아이들이 요리 단계마다 자음을 말하며 요리할 수 있도록 하면 좋아요.

🎈 **놀이 속 배움과 성장**
① 요리하는 단계와 자음을 연결 지으며 자음의 순서에 관심을 가질 수 있어요.
② 다양한 요리 재료와 도구의 이름을 말하며 어휘력을 기를 수 있어요.

'ㄱㄴㄷ 샌드위치'를 만들어요

'ㄱㄴㄷ 샌드위치' 완성!

내 마음대로
'ㄱㄴㄷ 샌드위치'

친구들마다 만든
샌드위치 모양이 달라요

그림책 〈표정으로 배우는 ㄱㄴㄷ〉

\# 각 자음으로 시작하는 의성어·의태어가 나와요.

\# 눈이나 입이 자음 모양인 표정으로 의성어·의태어를 표현해요.

✌ 책 표지 탐색하기

❶ (제목의 '표정'을 가리고) 어떤 것들이 보이나요? 'ㅅ'이 무엇이 되었나요?

❷ 이 책의 제목은 〈OO으로 배우는 ㄱㄴㄷ〉이에요. 제목이 무엇일 것 같나요?

❸ (표지의 얼굴을 가리키며) 이 표정은 기분이 어떤 것 같나요?

❹ 다른 자음들은 얼굴의 어떤 부분이 될 것 같나요?

❺ (뒤표지를 보며) 여기에는 어떤 자음이 숨어 있나요? 기분이 어떤 것 같나요?

❻ 이 책은 솔트앤페퍼 작가님이 이야기를 지으셨고, 소금과후추에서 만들었어요.

❼ (판권을 보며) 〈표정으로 배우는 ㄱㄴㄷ〉은 2017년 3월 2일에 처음 태어났는데, 우리가 보는 이 책은 2020년 4월 27일에 6번째로 더 만들어진 책이에요.

✌ 책 면지 탐색하기

❶ 무엇이 많이 적혀 있나요? 자음들이 많이 적혀 있네요.

❷ 한번 읽어 볼까요? (손가락으로 하나씩 가리키며) 기역, 니은, 디귿….

❸ 'ㅎ'까지 읽었는데 아직도 남아 있네요? 이번에는 'ㅏ'를 넣어서 읽어 볼까요?

❹ 그래도 또 남아 있네요? 이번에는 어떤 모음을 넣어서 읽어 볼까요?

✌ 책 내용 탐색하기

❶ (1번째 장을 읽은 후) 'ㄱ'이 두 개가 만나서 어떤 글자가 되었나요?

❷ 언제 깔깔 웃음이 나올까요? 깔깔 웃어 볼까요?

❸ (2번째 장을 읽은 후) 'ㄴ'이 냠냠 맛있게 음식을 먹는 무엇이 되었나요?

❹ 오늘 아침에 냠냠 맛있게 먹은 것이 있나요? 어떻게 먹었나요? (먹는 모습 표현)

❺ (3번째 장을 읽은 후) 드르렁드르렁 누가 코를 골까요?

❻ 우리 반 교실에서는… 드르렁드르렁 선생님이 코를 골아요. (자면서 코 고는 모습 표현) 또 우리 반 교실에서는… 이름에 'ㄴ'이 들어가는 친구들이 코를 골아요.

❼ 또 우리 반 교실에서는… 7살 아이가 코를 골아요! (여러 번 제시어를 바꿔서 진행하다 마지막에는 모든 아이가 표현할 수 있는 제시어 말하기)

• 의성어·의태어 표현 놀이 •

🎈 **놀이 도구** 의성어·의태어 낱말 카드

🎈 **놀이 방법**
① 의성어·의태어 낱말 카드를 활용해 다양한 의성어와 의태어의 의미를 이야기 나눈다.
② 교사가 낱말 카드 한 장을 제시하면 몸으로 자유롭게 표현한다.
③ 아이들이 한 명씩 낱말 카드를 뽑아 제시하며 놀이를 한다.
④ 몇 명의 아이가 앞으로 나와 교사가 제시하는 카드를 보고 표현하면 다른 친구들이 낱말을 맞힌다.

💡 **놀이 TIP**
① 의성어·의태어의 의미를 이야기 나눌 때 가볍게 표현해 보면 신체 표현이 어려운 아이도 더 쉽게 참여할 수 있어요.
② 아이들이 표현 놀이에 익숙해지면 각자 카드를 하나씩 뽑아 자유롭게 이동하며 퀴즈를 내는 놀이를 해도 좋아요.

🎈 **놀이 속 배움과 성장**
① 의성어와 의태어를 몸으로 표현하며 의미를 더욱 쉽게 이해할 수 있어요.
② 놀이를 통해 의성어와 의태어에 친숙해지며 어휘력을 키울 수 있어요.

부릉부릉 빵빵 자동차

어푸어푸 물안경

어푸어푸 잠수

찰칵 카메라

칙칙폭폭 기차

쿨쿨 잠을 자요

그림책 〈별을 삼킨 괴물〉

밤하늘의 별을 삼키고 사라진 괴물을 찾으러 가는 이야기예요.

여러 동물의 모습을 닮은 괴물의 생김새를 설명하는 다양한 의태어를 활용할 수 있어요.

그림책 한글 놀이

✌ 책 표지 탐색하기

❶ (제목의 '괴물'을 가리고) 그림에서 어떤 것이 보이나요? 나무에 가려진 누군가의 표정이 어떤가요?

❷ 이 그림책의 제목은 〈별을 삼킨 ○○〉이에요. 별을 삼킨 건 누구일까요?

❸ (뒤표지를 보며) 별을 삼키고 있어요. 누구일까요?

❹ (제목을 공개하고) 제목을 같이 읽어 볼까요? 괴물이 왜 별을 삼켰을까요?

❺ 별을 삼킨 괴물의 기분이 어떤 것 같나요? 어떤 이야기가 펼쳐질까요?

❻ 이 책은 민트래빗 플래닝 작가님이 이야기를 지으셨고, 민트래빗에서 만들었어요.

❼ (판권을 보며) 〈별을 삼킨 괴물〉은 2015년 4월 20일에 처음 태어났는데, 우리가 보는 이 책은 2020년 10월 5일에 19번째로 더 만들어진 책이에요.

✌ 책 내용 탐색하기

❶ (1번째 장을 보며) 이곳은 어디일까요? 마을에 아직 무엇이 많이 보이나요?

❷ (2번째 장을 보며) 별이 하나둘 어디로 가고 있나요? 저 산 사이에는 누가 있을까요?

❸ (4번째 장을 보며) 별이 없어서 마을이 어떻게 되었나요? 만약 우리 마을에도 빛이 없다면 어떨 것 같나요?

❹ (6번째 장을 읽은 후) 별을 삼킨 괴물은 어떻게 생겼을까요?

❺ 어떻게 생겼는지 모르는 괴물을 찾는 방법이 있을까요?

❻ (12번째 장을 펼치기 전에) 동물 친구들이 말해 준 괴물의 모습을 상상해 볼까요?

❼ (12번째 장을 읽은 후) 괴물을 어떻게 찾을 수 있을까요?

나의 괴물 친구 만들기

🎈 **놀이 도구** 활동지, 연필, 채색 도구

🎈 **놀이 방법**
① 그림책 속 동물들이 말했던 괴물의 생김새를 회상한다.
② 괴물 그림을 보며 이야기에서 나왔던 의태어를 활용해 생김새를 표현한다.
③ 그림책 속 괴물처럼 많은 것을 가진 괴물 친구를 상상한다.
④ 내가 상상한 괴물 친구를 그림으로 표현하고, 괴물의 이름과 괴물의 생김새를 적는다.
⑤ 내가 그린 괴물 친구가 되어 친구들에게 생김새와 특징을 소개한다.
⑥ 친구의 괴물 소개를 듣고 그림책 속 주인공처럼 칭찬의 말을 선물한다.

💡 **놀이 TIP**
① 그림책 속 괴물처럼 다양한 특징을 가진 모습의 괴물을 상상할 수 있도록 격려해 주세요.
② 괴물 친구를 도화지에 그려 오린 후, 나무 막대를 붙여 인형극 놀이를 해도 좋아요.

🎈 **놀이 속 배움과 성장**
① 다양한 의태어를 활용해 이야기하며 어휘력을 기를 수 있어요.
② 극놀이를 통해 내가 상상한 대상의 특성을 묘사하며 창의력을 기를 수 있어요.

친구들에게
나의 괴물 친구를 소개해요

친구의 소개를 듣고
칭찬의 말을 선물해요

내가 상상한
괴물 친구를 표현해요

내가 상상한
괴물 친구를 표현해요

3장 / 한글이랑 친해져요!

• 친구에게 장점별을 선물해요 •

🎈 **놀이 도구** 별 스티커, 네임펜, 활동지, 연필

🎈 **놀이 방법**
① 그림책 속 괴물이 어떤 것을 삼켰는지, 주인공 친구들이 괴물을 위해 무엇을 해 주었는지 이야기 나눈다.
② 그림책 속 하늘에 가득했던 별과 주인공 친구들이 괴물의 장점을 칭찬해 준 것에 대해 이야기 나누며 장점별을 소개한다.
③ 아이들의 수만큼 별 스티커를 나눠 준다. (20명이라면 스티커 20개)
④ 별 스티커에 각각 자기 이름을 적는다.
⑤ 친구의 장점을 칭찬하며 장점과 관련된 부위에 장점별을 선물한다.
⑥ 내가 받은 장점별을 활동지에 붙이고 어디에 받았는지 적는다.

💡 **놀이 TIP**
① 상황에 따라 별 스티커의 크기를 조절해 아이들이 이름을 편하게 쓸 수 있도록 도와주세요.
② 교사가 먼저 장점별을 선물하며 의성어와 의태어를 활용하는 모습을 보여 주세요.
③ 생김새뿐만 아니라 친구의 행동과 마음도 칭찬할 수 있도록 이야기 나누면 좋아요.

🎈 **놀이 속 배움과 성장**
① 친구들의 장점을 찾아 서로 칭찬을 나누는 긍정적인 상호작용을 통해 친밀감을 더욱 다질 수 있어요.
② 친구들이 선물하는 여러 장점별을 통해 타인이 생각하는 나의 장점에 대해 알고 자존감을 기를 수 있어요.

친구들에게 장점별을 선물해요

친구들에게 장점별을 가득 받았어요

내가 받은 장점별을 정리해요

내가 받은 장점별을 정리해요

그림책 <움직이는 ㄱㄴㄷ>

자음으로 시작하는 동사가 나와요.

자음 형태를 활용해 동사의 의미를 표현하는 그림이 있어요.

✌️ 책 표지 탐색하기

❶ (제목의 '움직이는'을 가리고) 어떤 것들이 보이나요? 'ㄱ, ㄴ, ㄷ'이 어떻게 되어 있나요?

❷ (책등의 제목이 보이지 않게 주의하며 책을 펼치고) 앞표지랑 뒤표지의 'ㄱ, ㄴ, ㄷ'이랑 동그라미들이 다 다른 곳에 있네요. 이 책의 제목은 〈○○○○ ㄱㄴㄷ〉이에요. 제목이 무엇일까요?

❸ 이 책의 이름은 〈움직이는 ㄱㄴㄷ〉이에요. 어떤 이야기가 나올까요?

❹ 이 책은 이수지 작가님이 이야기를 지으셨고, 길벗어린이에서 만들었어요.

❺ (판권을 보며) 〈움직이는 ㄱㄴㄷ〉은 2006년 2월 7일에 처음 태어났는데, 우리가 보는 이 책은 2021년 8월 31일에 16번째로 더 만들어진 책이에요.

✌️ 책 면지 탐색하기

❶ (왼쪽 면지를 가리키며) 무엇이 적혀 있나요? 같이 읽어 볼까요?

❷ (오른쪽 면지를 가리키며) 이것은 무엇일까요? 자음이 어떻게 되어 있나요?

❸ 반대로 되어 있어도 읽을 수 있는 자음을 찾아볼까요?

❹ 'ㅁ, ㅂ, ㅅ, ㅇ, ㅈ, ㅊ, ㅍ, ㅎ'은 반대로 되어 있어도 읽을 수 있네요.

❺ (속표지를 보며) 또 움직인 글자들이 있네요. 누가 움직였나요?

❻ 'ㄴ'은 하늘로 높이 올라갔네요. 'ㄷ'은 어떻게 되었나요? 아래로 뚝 떨어졌네요. 'ㄱ'은 글자 옆에서 움직였나요? 왜 움직이지 않고 그대로 있을까요?

✌️ 책 내용 탐색하기

❶ (1번째 장에서) 'ㄱ'이 어떻게 되어 있나요? '가두다'가 무슨 뜻일까요? (속표지와 비교하며) 'ㄱ'을 가둬서 어떤 일이 생겼을까요?

❷ (2번째 장에서) 'ㄴ'이 어떻게 되고 있나요? 왜 이렇게 되었을까요?

❸ (3번째 장에서) 'ㄷ'이 어떻게 되었나요? 왜 이렇게 되었을까요?

❹ 다음에는 어떤 자음이 등장할까요? 'ㄹ'이 어떤 모습으로 등장할까요?

❺ (4번째 장에서) 'ㄹ'은 무엇을 하는 것 같나요?

• 움직이는 ㄱㄴㄷ 표현 놀이 •

🎈 **놀이 도구** 움직이는 말 낱말 카드

🎈 **놀이 방법**
① 그림책 장면을 넘기며 움직이는 말을 소리 내 함께 읽는다.
② 그림책처럼 움직임이나 변화를 나타내는 또 다른 낱말에 대해 생각해 낱말 카드 종이에 적는다.
③ 이 책으로 몸 놀이하는 방법에 대해 함께 생각해 본다.
④ 그림책을 무작위로 펼쳐 나오는 낱말을 몸으로 표현한다.
⑤ 함께 만든 낱말 카드를 한 장 뽑아 몸으로 표현한다.
⑥ 한 아이가 나와 낱말 카드를 뽑고, 뽑은 낱말을 몸으로 표현하면 다른 친구들이 정답을 맞힌다.

> 💡 **놀이 TIP**
> ① 아이들이 표현에 익숙해지면 팀을 나눠 자유롭게 게임을 해도 좋아요.
> ② 교사가 먼저 다양한 동사를 생각해 낱말 카드를 준비해도 좋아요.

🎈 **놀이 속 배움과 성장**
① 제시되는 낱말을 듣고 신체를 움직이며 표현력을 기를 수 있어요.
② 다양한 동사를 몸으로 표현하며 즐겁게 어휘력을 기를 수 있어요.

심다

구르다

벗다

신다

메다

안기다

춤추다

숨다

내가 그리는 움직이는 ㄱㄴㄷ

🎈 **놀이 도구** 활동지, 연필, 채색 도구

🎈 **놀이 방법**
① 그림책 장면을 넘기며 자음들이 어떻게 움직였는지 회상한다.
② 그림책처럼 움직임이나 변화를 나타내는 또 다른 낱말에 대해 생각해 본다.
③ 움직임을 나타내는 낱말을 고르고, 그림책처럼 낱말의 자음으로 표현한다.
④ 자유롭게 내가 그린 그림을 친구들에게 소개한다.

💡 **놀이 TIP**
① 상황에 따라 움직임이나 변화를 나타내는 말을 '동사'라고 한다는 것을 소개해도 좋아요.
② 자신이 떠올린 낱말이 동사가 맞는지 검색을 통해 확인해 보는 것도 좋아요.

🎈 **놀이 속 배움과 성장**
① 자음 모양을 활용해 동사의 의미를 표현하며 창의력을 기를 수 있어요.
② 친구들의 서로 다른 표현을 감상하고 칭찬하며 친구의 예술 표현을 존중하는 태도를 기를 수 있어요.

그림책 〈맛있는 ㄱㄴㄷ〉

\# 동물이 등장해 이름과 같은 자음으로 시작하는
먹을거리를 먹어요.

\# 배경에 해당 자음으로 시작하는
또 다른 사물들이 다양하게 있어요.

✌ 책 표지 탐색하기

❶ 제목 〈맛있는 ㄱㄴㄷ〉 아래 밥그릇이 어떻게 생겼나요? 어떤 것이 매달려 있나요?
❷ 물개, 민들레, 마늘, 모자… 엄청 많은 것들이 있네요. (모두 'ㅁ'으로 시작)
❸ (뒤표지를 보며) 콩나물에 많은 것들이 같이 있네요. 어떤 것들이 보이나요?
❹ 콩나물에 캥거루, 카메라… 여기도 많은 것들이 있네요. (모두 'ㅋ'으로 시작)
❺ 이 책은 김인경 작가님이 이야기를 지으셨고, 길벗어린이에서 만들었어요.
❻ (판권을 보며) 〈맛있는 ㄱㄴㄷ〉은 2009년 7월 6일에 처음 태어났는데, 우리가 보는 이 책은 2021년 11월 12일에 9번째로 더 만들어진 책이에요.

✌ 책 면지 탐색하기

❶ 접시에 어떤 것들이 있나요?
❷ 이 자음 모양을 왜 이 음식으로 만들었을까요? ('ㅇ'은 오이, 'ㅌ'은 토마토, 'ㅋ'은 콩나물)
❸ 그럼 'ㄱ'으로 시작하는 이 생선의 이름은 무엇일까요?
❹ (속표지를 보며) 동물 친구들이 접시를 들고 줄을 서 있네요. 왜 줄을 선 걸까요?
❺ 가장 앞에는 어떤 동물이 있나요? 그럼 동물 순서가 어떻게 될 것 같나요? 두 번째 'ㄴ'으로 시작하는 이 동물은 무엇일까요?

✌ 책 내용 탐색하기

❶ (1번째 장을 읽고) 기린이 먹은 길죽길죽한 갈치는 어떻게 생긴 갈치일까요?
❷ 갈치랑 또 어떤 그림들이 있나요? 모양이 모두 다른데 어떤 점이 같나요?
❸ (2번째 장을 읽고) 낙지가 먹은 누룽지는 어떤 누룽지인가요?
❹ 그림 속에 어떤 것들이 있는지 먼저 보고, 선생님이 이름을 말하면 찾아볼까요?
❺ 그림에서 또 볼 수 있는 'ㄴ'이 하나 더 있어요. 무엇일까요? (배경이 노란색)
❻ 다음에는 어떤 동물이 어떤 음식을 먹을까요? (면지와 속표지 빠르게 보여 주기)
❼ 두루미가 도넛을 먹어서 모양이 어떻게 되었나요?

• 누가 무엇을 먹을까? •

🎈 **놀이 도구** 활동지, 연필, 채색 도구

🎈 **놀이 방법**
① 그림책 장면을 넘기며 어떤 동물이 어떤 음식을 먹었는지 회상한다.
② 이야기 흐름의 규칙에 대해 이야기 나눈다.
③ 그림책 내용처럼 '내가 먹은 것'으로 이야기를 상상한다.
④ 동물이나 가족 등 원하는 대상을 정해 그림책 내용처럼 '(   )가 먹은 것'으로 이야기를 상상한다.
⑤ 내가 생각한 이야기를 활동지에 그리고 내용을 적는다.

💡 **놀이 TIP**
① 그림책처럼 대상과 먹은 것이 같은 자음으로 시작할 수 있도록 도와주세요.
② 상황에 따라 같은 자음으로 시작하는 꾸며 주는 말을 넣을 수 있도록 격려해 주세요.

🎈 **놀이 속 배움과 성장**
① 조건에 맞는 대상, 의성어와 의태어, 음식을 떠올리며 어휘력을 기를 수 있어요.
② 대상부터 음식까지 상상해 이야기를 만들며 창의력을 기를 수 있어요.

유주가 맛있는
유부초밥을 먹었어요

민지가 매운 마늘을 먹었어요

소율이가 소시지를 먹었어요

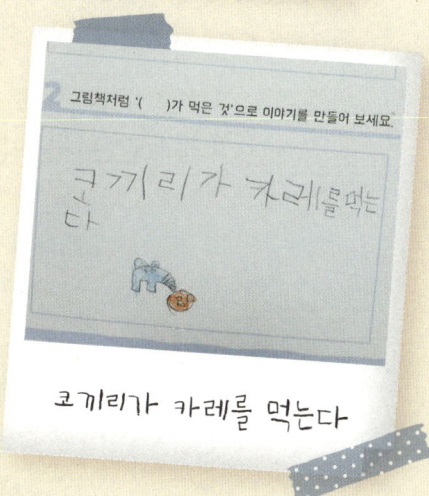

코끼리가 카레를 먹는다

선생님이 소고기를 먹는다

토끼가 탱글탱글
토마토를 먹어요

3장 / 한글이랑 친해져요! 155

그림책 <어서 오세요! ㄱㄴㄷ 뷔페>

\# 장면마다 각 자음으로 시작하는 짧은 이야기와 음식이 나와요.

\# 책과 같은 내용의 음원을 감상할 수 있어요.

✌ 책 표지 탐색하기

① (제목을 가리고) 사람들이 무엇을 들고 서 있나요? 남자아이가 뭐라고 말했나요?
② 이곳은 어디일까요? (제목에서 '뷔페'만 공개하고) 여기는 특별한 뷔페예요. 어떤 뷔페일까요?
③ (제목을 공개한 후) 'ㄱㄴㄷ 뷔페'에는 어떤 음식들이 있을까요?
④ 이 책은 최경식 작가님이 이야기를 지으셨고, 위즈덤하우스에서 만들었어요.
⑤ (판권을 보며) 〈어서 오세요! ㄱㄴㄷ 뷔페〉는 2020년 10월 1일에 처음 태어났는데, 우리가 보는 이 책은 2021년 11월 2일에 4번째로 더 만들어진 책이에요.

✌ 책 면지 탐색하기

① 접시에 어떤 음식들이 있는 것 같나요?
② 누가 가져온 접시인 것 같나요?

✌ 책 내용 탐색하기

① ('ㄱ'을 강조해서 읽은 후) 가족들의 표정이 어떤가요? 왜 이런 표정일까요?
② 음식이 모두 다른데 어떤 점이 똑같나요? (시작하는 자음, 첫 번째 글자의 색깔)
③ ('ㄴ'을 강조해서 읽은 후) 이번에도 음식이 어떤가요? 다음에는 어떤 자음이 나올까요?
④ 'ㄷ'으로 시작하는 어떤 음식이 등장할까요?
⑤ ('ㄷ'을 강조해서 읽은 후) 도란도란 앉는 것은 어떻게 앉는 것 같나요?
⑥ ('ㅍ'을 강조해서 읽은 후) 누가 방귀를 뀌었나요? 남자아이가 왜 방귀를 뀌었을까요?
⑦ (부글부글 장면을 읽은 후) 남자아이는 이제 어떻게 행동할까요?

• ㄱㄴㄷ 점심 •

🎈 **놀이 도구** 식단표, 활동지, 연필, 채색 도구

🎈 **놀이 방법**
① 식단표를 보며 오늘의 점심 메뉴와 평소 유치원에서 나오는 점심 메뉴에 대해 이야기 나눈다.
② 내가 가장 좋아하는 점심 메뉴와 좋아하는 이유에 대해 이야기 나눈다.
③ 점심을 먹는 식판의 구성에 대해 이야기 나눈다.
④ 우리가 건강하게 자라려면 점심 식판을 어떻게 채우면 좋을지 생각한다.
⑤ 활동지에 내가 가장 좋아하는 점심 메뉴를 그리고, 좋아하는 이유를 적는다.
⑥ 식판 그림이 그려진 활동지에 내가 먹고 싶은 점심 메뉴를 그리고, 메뉴의 이름을 자음별로 구분해서 적는다.
⑦ 자유롭게 내가 먹고 싶은 'ㄱㄴㄷ 점심'을 친구들에게 소개한다.

💡 **놀이 TIP**
① 식단 사진을 함께 준비하면 아이들과 더욱 수월하게 이야기 나눌 수 있어요.
② 상황에 따라 우리 반이 만드는 식단을 준비해 영양 선생님께 편지를 보내는 활동을 진행해도 좋아요.
③ 우리 반이 가장 좋아하는 음식을 정하고, 그 음식이 언제 나오는지 함께 확인하는 활동을 해도 좋아요.

🎈 **놀이 속 배움과 성장**
① 건강한 메뉴에 대해 고민하며 균형 있는 영양 섭취의 중요성을 알 수 있어요.

밥하고 같이 먹으면
맛있는 카레가 좋아요

내가 먹고 싶은
점심 메뉴를 정해요

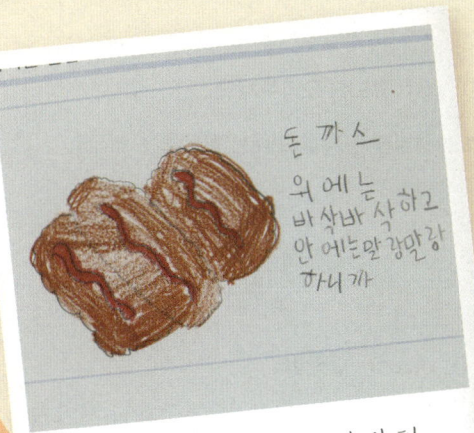

겉은 바삭하고 속은 말랑한
돈까스가 좋아요

내가 먹고 싶은
점심 메뉴를 정해요

• 우리 유치원 점심 1등 자음 찾기 •

🎈 **놀이 도구** 유치원 점심 메뉴 카드, 칠판, 보드 마커

🎈 **놀이 방법**
❶ 우리 유치원 점심에 어떤 자음이 제일 많을지 예상한다.
❷ 점심 메뉴 카드를 보며 가장 많은 자음을 찾는 방법에 대해 이야기 나눈다.
   (예) 책상 이름표가 '가~하'로 시작하는 낱말로 만들어져 있어요
   (1) 점심 메뉴 카드를 나눠 가진다.
   (2) 점심 메뉴의 첫 번째 자음을 기준으로 정한다.
   (3) 같은 자음으로 시작하는 책상 이름표에 점심 메뉴 카드를 놓는다.
   (4) 한 명이 칠판 기록을 담당하고, 다른 아이들은 각자 담당 자음을 선택한다.
   (5) 'ㄱ'부터 'ㅎ'까지 담당하는 아이가 개수를 세어 말하면 기록 담당 아이가 적는다.
❸ 가장 많은 자음과 가장 적은 자음을 확인한다.

> 💡 **놀이 TIP**
> ❶ 아이들이 스스로 생각한 방법을 활용해 결과를 알아 낼 수 있도록 도와주세요.
> ❷ 상황에 따라 가장 적은 자음의 음식을 생각해 영양 선생님께 편지를 보내는 활동을 진행해도 좋아요.

🎈 **놀이 속 배움과 성장**
❶ 자료를 기준에 따라 분류하며 탐구하는 과정을 즐길 수 있어요.
❷ 결과를 알아 내기 위해 친구들과 함께 방법을 고민하며 서로 다른 생각에 관심을 가지고 존중하는 태도를 기를 수 있어요.

자음을 기준으로 분류해요

분류 끝!

자음별로 몇 개의 메뉴가
있는지 세어요

자음별 메뉴 수를 기록해요

3장 / 한글이랑 친해져요!　161

• 주문하신 음식 나왔습니다! •

🎈 **놀이 도구** 동물 스티커, 주문서, 그림책 장면 카드

🎈 **놀이 방법**
❶ 그림책 장면을 넘기며 그림책에 나왔던 다양한 음식을 회상한다.
❷ 원하는 동물을 선택해 잘 보이는 곳에 동물 스티커를 붙인다.
❸ 두 팀으로 나눠 한 명씩 나와 주문서를 하나 뽑는다.
❹ 주문 내용을 확인한 후 그림책 장면 카드에서 알맞은 음식 그림을 찾는다.
❺ 주문서에 있는 동물 스티커를 붙인 친구를 찾아가 "주문하신 음식 나왔습니다!" 말하며 장면 카드를 준다.

> 💡 **놀이 TIP**
> ❶ 주문서에 동물 대신 아이들의 얼굴을 넣어도 좋아요.
> ❷ 상황에 따라 주문서의 주문 내용을 음식 1개로 조절해도 좋아요.
> ❸ 상황에 따라 자음별로 장면 카드를 분류해 두어도 좋아요.

🎈 **놀이 속 배움과 성장**
❶ 주문 내용에 알맞은 조건의 음식을 찾으며 관찰력과 집중력을 기를 수 있어요.
❷ 주문서의 동물을 확인하고 장면 카드를 빠르게 전달하며 신체 능력과 순발력을 기를 수 있어요.

주문서를 뽑아요

주문서를 확인해요

식탁으로 달려가요

음식을 찾아요

음식을 배달해요

주문서와 음식

그림책 <휘리리후 휘리리후>

\# 책을 바로 놓고 본 후 거꾸로 돌려서 앞장으로 돌아오며 감상할 수 있어요.

\# 같은 그림을 바로 보고 거꾸로 보며 창의적으로 생각할 수 있어요.

✌ 책 표지 탐색하기

① 제목을 같이 읽어 볼까요? 어떤 뜻인 것 같나요?

② 어떤 그림이 그려져 있나요?

③ 이 책은 한태희 작가님이 이야기를 지으셨고, 웅진주니어에서 만들었어요.

④ (판권을 보며) 〈휘리리후 휘리리후〉는 2006년 6월 5일에 처음 태어났는데, 우리가 보는 이 책은 2021년 5월 6일에 25번째로 더 만들어진 책이에요.

✌ 책 면지 탐색하기

① 무엇이 많이 있나요? 카드들에 어떤 그림들이 그려져 있나요?

② 카드가 모두 몇 장 있나요? 같이 세어 볼까요?

③ (비어 있는 카드 칸을 가리키며) 이건 무엇일까요? 카드가 없는 걸까요, 그림이 없는 카드일까요?

④ (속표지를 보며) 잃어버린 카드는 어떻게 생겼을까요?

⑤ 좋아하는 카드가 사라진 주인공은 어떻게 할 것 같나요?

✌ 책 내용 탐색하기

① 시장에 가면 카드가 있을까요?

② 고양이들이 왜 싸우는 걸까요?

③ 마법사 아저씨가 나타나서 주인공을 어떻게 도와줄까요?

④ '휘리리후' 라고 말하면 이제 어떤 일이 벌어질까요?

⑤ 책을 돌렸는데 '휘리리후' 랑 그림들이 잘 보이나요?

⑥ 쌍둥이 원숭이들이 바둑이를 왜 쫓아가는 걸까요?

⑦ 거꾸로나라 음악대들이 어떤 악기들을 연주하고 있나요?

⑧ (이야기가 끝나고 앞표지를 거꾸로 들고 보며) 제목을 다시 읽어 볼까요?

⑨ (앞표지를 반씩 가리며) 아래에 있는 그림은 무엇처럼 보이나요? 위에 있는 그림은 무엇처럼 보이나요?

• 거꾸로 한글 놀이 •

🎈 **놀이 도구** 한글 자석, 거꾸로 글자 카드, 도장

🎈 **놀이 방법**
❶ 한글 자석을 활용해 그림책의 제목처럼 거꾸로 돌려도 읽을 수 있는 자모음을 찾는다.
❷ 거꾸로 돌려도 읽을 수 있는 'ㄱ, ㄴ, ㄹ, ㅁ, ㅇ, ㅍ, ㅡ, ㅗ, ㅛ, ㅜ, ㅠ' 자석을 사용해 글자를 만든다.
❸ 받침이 없는 글자를 만들고, 거꾸로 돌렸을 때 읽을 수 있는지 확인한다.
❹ 받침이 있는 글자를 만들어 읽고, 자석 세 개를 한 번에 돌려 거꾸로 글자를 읽는다.
❺ 'ㄱ, ㄴ, ㄹ, ㅁ, ㅇ, ㅍ, ㅡ, ㅗ, ㅛ, ㅜ, ㅠ'를 조합해 만든 거꾸로 글자 카드를 거꾸로 돌려 보며 두 방법으로 읽는다.
❻ 혼자 또는 친구와 함께 거꾸로 글자 짝꿍을 찾아 확인 도장을 받는다.

> 💡 **놀이 TIP**
> ❶ 동시집 〈글자동물원〉의 동시 '른자동롬원'을 함께 감상해도 좋아요.
> ❷ 거꾸로 글자 짝꿍을 나란히 놓고 두 장의 카드에 도장이 이어지게 찍어 주세요.

🎈 **놀이 속 배움과 성장**
❶ 대각선 대칭과 역대칭을 발견하며 과학적인 한글의 위대함을 느낄 수 있어요.
❷ 같은 모양의 글자를 찾으며 관찰력과 변별력을 기를 수 있어요.
❸ 다양한 받침 글자를 소리 내어 읽는 경험을 할 수 있어요.

돌려도 읽을 수 있어요

뒤집었더니 '윽!'이 되었어요

친구랑 같이 찾았어요

거꾸로 같은 글자를 찾아요

혼자서도 찾을 수 있어요

이렇게 많이 찾았어요

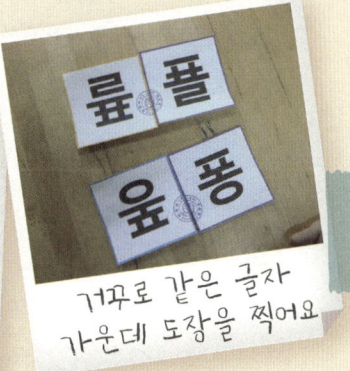
거꾸로 같은 글자 가운데 도장을 찍어요

• 거울로 한글 놀이 •

🎈 **놀이 도구** 무늬 있는 옷, 반쪽 장난감, 안전 거울(거울 시트지를 붙인 우드락), 한글 반쪽 카드, 칠판, 보드 마커, 활동지, 연필

🎈 **놀이 방법**
1. 한 손으로 하트 반쪽을 만들고 다른 손을 어떻게 하면 좋을지 이야기 나눈다.
2. 두 손으로 하트를 완성하고 양쪽 손이 어떻게 보이는지 이야기 나눈다.
3. 우드락에 거울 시트지를 붙여 만든 안전 거울로 나와 친구가 입은 옷의 무늬를 활용해 대칭을 만든다.
4. 교실에 있는 반쪽 장난감을 찾아 거울을 이용해 모양을 완성한다.
5. 거울을 이용해 무늬와 모양을 살피며 대칭의 의미를 알아본다.
6. 한글 반쪽 카드를 뽑아 어떤 글자가 될지 예상하고, 거울로 글자를 완성한다.
7. 칠판에 적힌 자모음 중 대칭이 되는 글자를 찾는다.
8. 거울을 활용해 활동지에 있는 반쪽 낱말을 완성해 적는다.

💡 **놀이 TIP**
1. 놀이 당일에는 무늬가 있는 옷을 입고 오도록 가정에 미리 연락하는 것이 좋아요.
2. 대칭되는 자모음을 활용해 새로운 반쪽 글자를 만드는 놀이를 해도 좋아요.

🎈 **놀이 속 배움과 성장**
1. 거울을 활용한 대칭 놀이를 통해 과학적 탐구 과정을 즐길 수 있어요.
2. 글자의 반쪽을 완성하며 한글의 과학성을 느끼고, 글자의 모양에 관심을 가질 수 있어요.

옷의 무늬로
대칭 놀이를 해요

거울로 놀이해요

반쪽 카드가
글자가 됐어요

친구와 함께
글자를 완성해요

반쪽 글자를 거울로 완성
해요

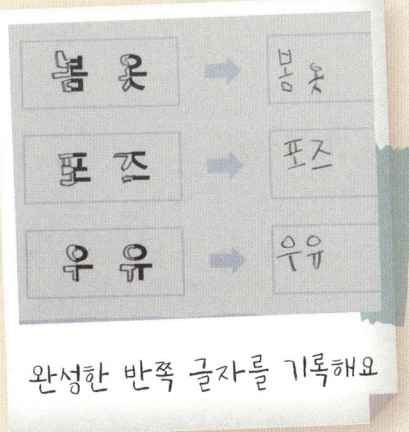
완성한 반쪽 글자를 기록해요

• 거울 거꾸로 미션 게임 •

🎈 **놀이 도구** 안전 거울, 거꾸로 미션 종이

🎈 **놀이 방법**
① 거꾸로 미션 종이를 한 장 뽑는다.
② 거울을 이용해 거꾸로 미션을 확인한다.
③ 모든 아이가 미션의 내용을 수행한 후 다른 친구의 미션을 거울로 확인한다.

> 💡 **놀이 TIP**
>
> ① PPT를 활용해 거꾸로 미션을 만들 수 있어요.
>   (PPT에 원하는 미션을 입력 > 마우스 우클릭 후 '그림으로 저장' 선택 > 저장한 글자 그림 PPT에 불러오기 > 그림을 클릭해 '그림 서식 > 회전 > 좌우대칭' 선택)
> ② 미션의 내용은 아이들이 바로 수행할 수 있는 것으로 준비해 주세요.
>   (OO색 색연필 2개 가져오기, 머리 묶은 친구에게 "고마워"라고 말하고 오기, 노란색 옷 입은 친구와 악수하고 오기, 원감 선생님 꼭 안아 드리고 하트 그림 받아 오기)
> ③ 개별 대결이 아닌 단체 게임으로 진행하는 것이 좋아요. 각자 자신의 미션을 성공할 수 있도록 모두가 한 팀이 되어 서로 응원하는 분위기로 이끌어 주세요.

🎈 **놀이 속 배움과 성장**
① 서로 응원하는 단체 게임을 통해 긍정적인 학급 분위기 형성에 도움을 줄 수 있어요.
② 미션 내용을 확인하고 수행하며 성취감을 느낄 수 있어요.

미션 종이를 뽑아요

미션을 거울로 확인해요

미션을 해결해요

미션 성공!

3장 / 한글이랑 친해져요!

그림책 <꿀떡을 꿀떡>

\# 동음이의어에 대해 알아볼 수 있는 동시 그림책이에요.

\# 함께 그려진 그림을 통해 동음이의어의 의미를 쉽게 이해할 수 있어요.

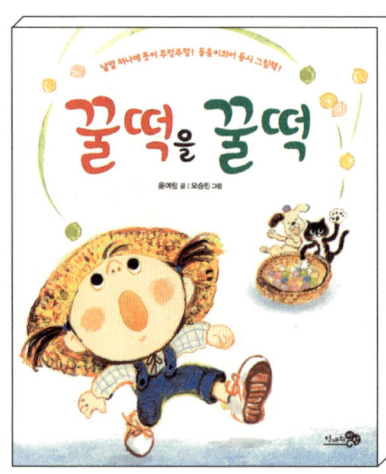

✌️ **책 표지 탐색하기**

① (제목을 가리고) 그림에서 무엇이 보이나요? 고양이와 강아지가 던지는 것은 무엇일까요?

② 고양이와 강아지가 던진 꿀떡을 아이가 어떻게 하고 있나요?

③ 이 책의 제목은 〈꿀떡을 꿀떡〉이에요. 무슨 뜻일까요?

④ 빨간색 꿀떡과 초록색 꿀떡은 소리가 같은데 의미도 똑같을까요?

⑤ 이 책에서 어떤 이야기들이 나올까요?

⑥ 이 책의 이야기는 윤여림 작가님이 지으셨고, 그림은 오승민 작가님이 그리셨어요. 책은 천개의바람에서 만들었어요.

⑦ (판권을 보며) 〈꿀떡을 꿀떡〉은 2017년 6월 5일에 처음 태어났는데, 우리가 보는 이 책은 2020년 10월 19일에 7번째로 더 만들어진 책이에요.

✌️ **책 면지 탐색하기**

① 아이가 무엇을 하고 있나요?

② 저금통에서 돈을 왜 꺼내는 걸까요?

③ (속표지를 보며) 돈을 들고 어디를 가는 걸까요?

✌️ **책 내용 탐색하기**

* 동시 그림책이므로 상황에 맞게 여러 날에 걸쳐 읽어 주거나 선택해서 읽어 주세요.

① (7번째 장 '쏟 사용법'을 읽고) 선생님이 읽으면 그림처럼 표정으로 표현해 볼까요?

② (마지막 장 뜻풀이를 보며) '말'은 어떤 의미들이 있을까요?

• 같은 소리 다른 뜻 이야기 짓기 •

🎈 **놀이 도구** 동음이의어 낱말 카드, 활동지, 연필, 채색 도구

🎈 **놀이 방법**
① 교사가 동음이의어 낱말 카드 한 장을 뽑아 동작 퀴즈를 낸다.
② 같은 소리지만 다른 뜻을 가진 또 다른 낱말을 이야기 나눈다.
③ 동음이의어 낱말 카드를 활용해 동작 퀴즈 놀이를 한다.
④ 내가 좋아하는 같은 소리 다른 뜻 낱말을 각각 그림으로 표현하고, 간단한 설명과 함께 낱말을 적는다.
⑤ 같은 소리 다른 뜻 낱말을 활용해 이야기를 짓고 글과 그림으로 표현한다.
⑥ 자유롭게 내가 만든 이야기를 친구들에게 소개한다.

💡 **놀이 TIP**
① 낱말 카드를 활용해 팀별 카드 놀이를 해도 좋아요.
② 아이들이 만든 이야기를 동작으로 표현하는 놀이를 해도 좋아요.

🎈 **놀이 속 배움과 성장**
① 다양한 동음이의어에 대해 알아보며 어휘력을 기를 수 있어요.
② 동작 퀴즈 놀이를 통해 자신이 이해한 낱말의 의미를 몸으로 표현하면서 표현력을 기를 수 있어요.

사람의 '눈'과
하늘에서 내리는 '눈'

타는 '말'과 사람이 하는 '말'

잠을 자는 '밤'과 먹는 '밤'

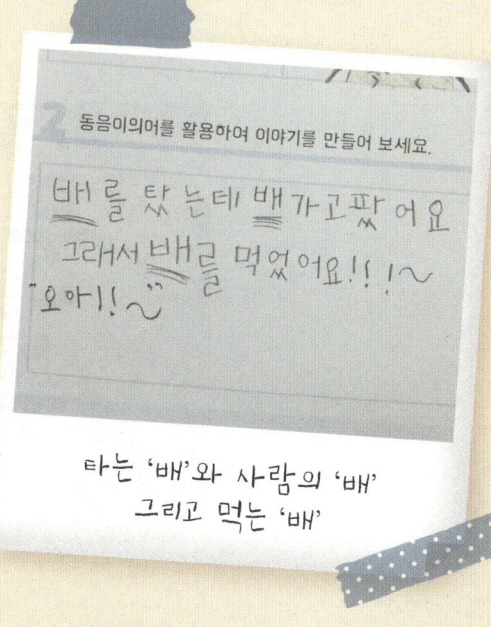
타는 '배'와 사람의 '배'
그리고 먹는 '배'

3장 / 한글이랑 친해져요!

그림책 〈문장 부호〉

\# 이야기를 듣고 장면에 어울리는 행동을 하거나
그림을 그려 보세요.

\# 문장 속 문장 부호의 활용을 살피고
그림 속 문장 부호를 찾으며 관심을 가질 수 있어요.

✌ 책 표지 탐색하기

① 그림 속에서 어떤 것들이 보이나요?

② 그림책 제목을 같이 읽어 볼까요? 문장 부호가 뭘까요?

③ (칠판에 '밥 먹었어요?'를 적고) 선생님이 뭐라고 적었나요? 같이 읽어 볼까요?

④ '?'를 본 적이 있나요? 이름이 무엇일까요? 언제 사용하는 걸까요?

⑤ (아래에 '밥 먹었어요!'를 적고) 한 번 더 읽어 볼까요? 이번에는 어떤 의미일까요?

⑥ '!'를 본 적이 있나요? 이름이 무엇일까요? 언제 사용하는 걸까요?

⑦ (아래에 '밥 먹었어요.'를 적고) 한 번 더 읽어 볼까요? 이번에는 어떤 의미일까요?

⑧ 똑같은 글인데 뒤에 붙은 모양이 달라지니 느낌이 어떤가요?

⑨ 글에 담긴 뜻을 잘 이해할 수 있도록 사용하는 이런 모양들을 '문장 부호'라고 해요.

⑩ (표지를 다시 보며) 그림에서 어떤 것들이 보이나요?

⑪ 이 책은 난주 작가님이 이야기를 지으셨고, 고래뱃속에서 만들었어요.

⑫ (판권을 보며) 〈문장 부호〉는 2016년 11월 21일에 처음 태어났는데, 우리가 보는 이 책은 2018년 7월 30일에 3번째로 더 만들어진 책이에요.

✌ 책 면지 탐색하기

① 종이의 느낌이 어떤가요? 어떻게 만들어진 것 같나요?

✌ 책 내용 탐색하기

① (1번째 장을 읽은 후 씨앗을 손으로 콕 찍으며) 작은 씨앗이 여기 있네요.

② (쉼표를 강조하며 2번째 장을 읽은 후 씨앗의 뿌리를 쉼표 모양으로 따라 그리기)

③ (느낌표를 강조하며 3번째 장을 읽은 후 느낌표 모양으로 싹 따라 그리기) 싹이 쑤욱 나왔네요.

④ (물음표를 강조하며 4번째 장을 읽은 후 물음표 모양 따라 그리기)

⑤ 글에 모두 어떤 것들이 있나요?

⑥ 문장 부호들이 어디에도 숨어 있나요?

⑦ 숨어 있는 문장 부호를 찾으며 남은 부분을 읽어 볼까요?

과자 속 문장 부호를 찾아라

놀이 도구 칠판, 보드 마커, 과자, 활동지, 연필

놀이 방법
1. 그림책에서 봤던 마침표, 쉼표, 느낌표, 물음표와 함께 그림책 〈강아지 복실이〉에서 문장 주변에 있는 문장 부호를 찾아본다.
2. 칠판에 문장 부호와 이름을 적으며 쓰임새를 간단히 소개한다.
3. 준비한 과자의 포장지에서 칠판에 적힌 문장 부호를 찾는다.
4. 아이들이 새롭게 찾은 문장 부호를 칠판에 적어 소개한다.

놀이 TIP

1. 문장 부호를 찾을 때는 글자 주변에 있는 한글이 아닌 모양을 찾아보도록 격려해 주세요.
2. 그림책에 나온 마침표, 쉼표, 느낌표, 물음표를 찾아보며 문장 부호에 관심 가지는 것을 목표로 놀이를 진행하면서 아이들이 흥미를 보인다면 다른 문장 부호를 추가로 소개해 주세요. (예) 물결표, 쌍점, 쌍반점, 빗금, 큰따옴표, 작은따옴표, 대괄호, 중괄호, 소괄호
3. 과자 포장지에서 '%'를 발견하는 경우 문장 부호는 아니지만 과자에서 재료가 얼만큼 들어 있는지를 알려 주는 기호라는 것을 소개해 주세요.
4. 과자 포장지에서 'g'을 발견하는 경우 무게를 나타내는 단위임을 소개하고, 친구들과 서로 과자의 무게를 비교해 가장 무거운/가벼운 과자를 찾는 놀이를 해도 좋아요.

놀이 속 배움과 성장
1. 아이들이 좋아하는 과자를 활용하여 문장 부호를 재미있게 경험할 수 있어요.
2. 문장 부호를 찾으며 호기심을 가지고 스스로 탐색하는 경험을 할 수 있어요.

마침표

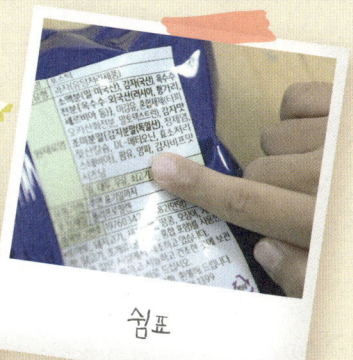
쉼표

물음표

느낌표

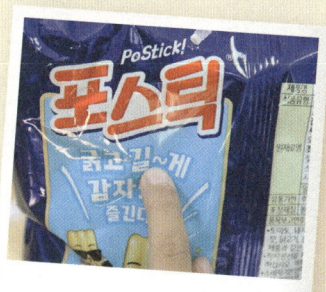
물결표

빗금

소괄호

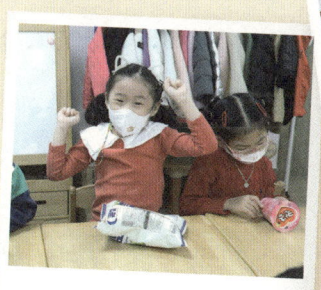
문장 부호가 다 있어요!

무게가 똑같아요!

3장 / 한글이랑 친해져요!

· 과자로 문장 부호 만들기 ·

🎈 **놀이 도구** 칠판, 보드 마커, 과자, 접시

🎈 **놀이 방법**
① 과자 포장지에서 찾았던 문장 부호를 떠올리며 칠판에 적는다.
② 칠판에 적힌 문장 부호 아래에 문장 부호의 이름을 적는다.
③ 내가 가장 좋아하는 문장 부호 하나를 골라 과자로 만든다.
④ 내가 과자로 만든 문장 부호를 짝꿍에게 보여 주며 좋아하는 이유를 소개한다.
⑤ 교사가 말하는 문장 부호의 이름을 듣고 과자로 만든다.
⑥ 과자로 자신의 이름과 원하는 낱말을 만든다.
⑦ 과자로 자유롭게 놀이한다.

> 💡 **놀이 TIP**
> ① 상황에 따라 과자를 올릴 수 있는 크기의 문장 부호를 인쇄해서 제공해도 좋아요.
> ② 아이들이 문장 부호를 충분히 이해했다면 교사의 말을 듣고 문장에 들어가는 문장 부호를 만드는 퀴즈 놀이를 할 수 있어요. 이때, 아이들이 쉽게 판단할 수 있도록 과장된 표현으로 말해 주는 것이 좋아요.
> (예) 안녕하세요? 선생님은 OO반을 사랑해! 선생님은 빨간색, 노란색, 보라색을 좋아해.

🎈 **놀이 속 배움과 성장**
① 아이들이 좋아하는 과자로 놀이하며 문장 부호와 친해질 수 있어요.
② 다양한 형태의 과자를 활용하여 글자와 모양을 만들며 창의력을 기를 수 있어요.

마침표와 쉼표

물음표

쌍점

작은따옴표

소괄호

내가 좋아하는 이름을 만들어요

과자 젓가락으로 과자를 잡았어요!

선생님 얼굴을 만들었어요!

머리카락이 하나만 있는 선생님이에요~

3장 / 한글이랑 친해져요!

4장

한글이랑 이야기해요!

그림책
〈딴생각하지 말고 귀 기울여 들어요〉

꼬마 토끼 토토와 왱왱이 말벌레가 등장하는 경청에 대한 이야기예요.

다른 사람의 말을 경청해야 하는 이유와 방법에 대해 알 수 있어요.

✌️ 책 표지 탐색하기

① (제목을 가리고) 그림 속에 어떤 동물이 있나요? 토끼의 특별한 점은 무엇인가요?

② (뒤표지를 보며) 토끼의 표정은 어떤가요? 다른 친구들의 표정은 어떤가요?

③ 어떤 상황일까요?

④ (제목의 '딴생각', '귀 기울여'를 가리고) 이 그림책의 제목은 〈○○○ 하지 말고 ○ ○○○ 들어요〉예요. 제목이 무엇일까요?

⑤ (제목을 공개하고) 제목을 같이 읽어 볼까요? 누가 딴생각을 하는 걸까요?

⑥ 이야기에서 어떤 일이 일어날까요?

⑦ 이 책의 이야기는 서보현 작가님이 지으셨고, 그림은 손정현 작가님이 그리셨어요. 책은 상상스쿨에서 만들었어요.

⑧ (판권을 보며) 〈딴생각하지 말고 귀 기울여 들어요〉는 2010년 4월 1일에 처음 태어났는데, 우리가 보는 이 책은 2017년 10월 25일에 조금 바뀐 내용으로 5번째 더 만들어진 책이에요.

✌️ 책 면지 탐색하기

① 그림 속에 무엇이 보이나요?

② 저 집은 누구의 집일까요?

✌️ 책 내용 탐색하기

① (1번째 장을 읽은 후) 토토는 귀가 큰 데 왜 잘 듣지 못하는 걸까요?

② (4번째 장을 읽은 후) 만약 토토와 같은 모둠이라면 기분이 어떨 것 같나요?

③ 그럼 친구들을 화나게 한 토토의 마음은 어떨까요?

④ (5번째 장을 읽은 후) 토토의 귓속에서 떨어진 벌레는 무엇일까요?

⑤ (7번째 장을 읽은 후) 왱왱이 말벌레를 어떻게 하면 없앨 수 있을까요?

⑥ (10번째 장을 읽은 후) 다른 사람의 말을 집중해서 잘 들으니 왱왱이 말벌레가 어떻게 되고 있나요?

• 경청 전화기 만들기 •

🎈 **놀이 도구** 종이컵, 털실(낚싯줄), 클립, 매직

🎈 **놀이 방법**
① 우리가 듣는 소리는 어떻게 들리는 것인지 이야기 나눈다.
② 자신의 목과 친구의 목에 손을 대고 말하며 진동을 느낀다.
③ 종이컵 바닥에 뚫은 구멍으로 털실을 넣고 클립에 묶어 고정한다.
④ 종이컵을 자유롭게 꾸민다.
⑤ 완성된 종이컵 전화기를 관찰하며 진동이 잘 전달되려면 털실이 어떤 상태여야 하는지 이야기 나눈다.
⑥ 친구들과 자유롭게 경청 전화기를 사용하여 이야기를 나눈다.

💡 **놀이 TIP**
① 핸드폰 진동이나 징을 통해 진동을 느껴 보는 것도 좋아요.
② 다른 전화기와 엉킬 수 있으므로 털실의 길이가 길지 않은 것이 좋아요.
③ 탄성이 있는 낚싯줄은 소리가 더욱 잘 전달되지만, 줄이 얇아 엉키기 쉬워요.
④ 경청 전화기에 나만의 전화번호를 만들어서 적는 것도 좋아요.
⑤ 경청 전화기를 사용할 때는 털실의 진동을 통해 소리를 들을 수 있도록 적당한 소리로 말하기를 약속해요.

🎈 **놀이 속 배움과 성장**
① 진동에 따라 소리가 전달되는 과학 원리를 알 수 있어요.
② 실험을 위해 적당한 소리로 말하며 친구의 이야기를 경청하는 연습을 할 수 있어요.

목에 손을 대고 진동을 느껴요

경청 전화기로
친구의 이야기를 경청해요

컵으로도 놀이할 수 있어요

나만의 경청 전화기 번호를
만들어요

귓속말 전달 게임

🎈 **놀이 도구** 없음

🎈 **놀이 방법**
① 동그랗게 둘러앉아 모두 손으로 귀를 막는다.
② 교사가 첫 번째 아이에게 귓속말로 미션 말을 전한다.
③ 미션 말을 들은 아이가 옆에 앉은 친구의 어깨를 톡톡 치면 다음 아이가 손을 떼고 귓속말을 듣는다.
④ 마지막 아이가 첫 번째 아이에게 귓속말로 미션 말을 전해 정답을 확인한다.

💡 **놀이 TIP**
① 미션 말은 '사랑해'와 같이 짧고 쉬운 말부터 'OO반 최고', '선생님은 OO반을 사랑해'와 같이 난이도를 높여요.
② 게임을 시작하기 전 다른 친구들이 경청의 기회를 가질 수 있도록 정답을 말하지 않기로 약속해요.
③ 만약 전달에 성공했다면 경청하기 위해서 집중한 것에 대해 칭찬하고, 실패했다면 경청은 쉽지 않기 때문에 노력해야 한다고 이야기 나눠요.

🎈 **놀이 속 배움과 성장**
① 친구와 함께 귓속말을 나누며 친밀감을 느끼고, 단체 게임을 통해 협동심을 기를 수 있어요.
② 게임을 통해 상대방의 이야기를 경청하는 태도를 연습할 수 있어요.

귓속말로 미션 말을 전달해요

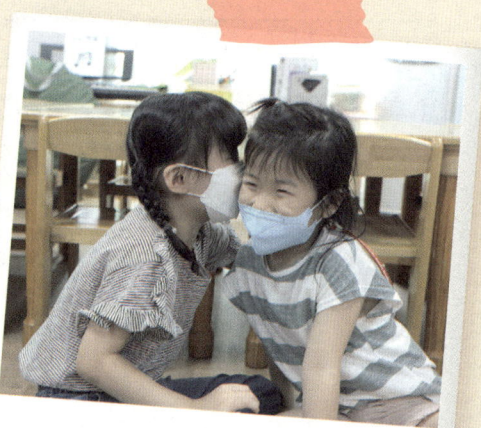
친구의 귓속말을 경청해요

잘 들릴 때까지
다시 들을 수 있어요

미션 전달 성공!

• 왱왱이 말벌레 퇴치 작전! •

🎈 **놀이 도구** 뒷면에 까슬이를 붙인 왱왱이 말벌레, 보슬이를 붙인 파리지옥 게임판

🎈 **놀이 방법**
❶ 그림책의 내용을 회상하며 왱왱이 말벌레를 없애는 방법을 이야기 나눈다.
❷ 왱왱이 말벌레를 옷이나 마스크에 붙이고 짝꿍 친구와 순서를 정해 서로에게 미션을 준다.
❸ 짝꿍 친구의 이야기를 경청해서 미션에 성공하면 나에게 붙은 왱왱이 말벌레 한 마리를 떼어 파리지옥 게임판에 붙인다.
❹ 모든 미션에 성공해서 왱왱이 말벌레를 퇴치하면 서로를 칭찬한다.

💡 **놀이 TIP**
❶ 게임 방법을 소개할 때 미션 예시를 들어 주고, 미션은 지금 교실에서 바로 쉽게 할 수 있는 것으로 정해요. (예) 친구야 빨간색 블록 하나만 가져다줄래?
❷ 친구에게 미션을 줄 때 명령이 아닌 부탁으로 할 수 있도록 이야기 나눠요.
❸ 모든 아이가 미션을 성공한 후에는 팀을 이뤄 동작 미션 게임을 진행할 수 있어요.

🎈 **놀이 속 배움과 성장**
❶ 친구의 이야기를 경청하고 미션을 수행하기 위해 내용을 이해하며 의사소통 능력을 기를 수 있어요.
❷ 친구와의 협동 놀이를 통해 바람직한 관계를 형성할 수 있어요.

미션에 성공하면 왕왕이 말벌레를
파리지옥 게임판에 붙여요

모든 미션 성공!

친구들이랑 가위바위보하기

선생님 카메라로 사진 찍기

그림책 〈난 책이 좋아요〉

\# 침팬지가 자신이 좋아하는 책의 종류를 소개해요.

\# 그림들의 의미를 발견하는 즐거움을 느낄 수 있어요.

✌️ **책 표지 탐색하기**

❶ (제목을 가리고) 그림에서 어떤 것들이 보이나요?

❷ 침팬지의 기분이 어떤 것 같나요? 왜 그런 기분이라고 느껴지나요?

❸ (제목의 '좋아요'만 가리고) 이 그림책의 제목은 〈난 책이 OOO〉예요. OOO에는 어떤 말이 들어갈까요?

❹ (제목을 공개하고) 제목을 같이 읽어 볼까요? 책을 좋아하는 나는 누구일까요?

❺ 침팬지는 왜 책을 좋아할 것 같나요?

❻ 여러분은 책을 좋아하나요? 왜 좋아하나요? 왜 싫어하나요?

❼ 그림책에서 어떤 이야기가 나올까요?

❽ 이 책의 이야기는 앤서니 브라운 작가님이 지으셨고, 공경희 번역가님이 우리말로 옮겨 주셨어요. 말을 다른 나라의 말로 옮기는 것을 번역이라고 해요. 책은 웅진주니어에서 만들었어요.

❾ (판권을 보며) 〈난 책이 좋아요〉는 2017년 7월 25일에 처음 태어났는데, 우리가 보는 이 책은 2017년 10월 17일에 2번째로 더 만들어진 책이에요.

✌️ **책 면지 탐색하기**

❶ 그림에 어떤 것들이 보이나요?

❷ 어떤 이야기가 나올까요?

❸ (속표지를 보며) 쌓여 있는 책들은 어떤 책일까요?

✋ **책 내용 탐색하기**

❶ (2번째 장을 읽은 후) 이 침팬지는 계속 걸어가면 어떤 일이 벌어질까요?

❷ (3번째 장을 읽은 후) 이 책은 왜 무서운 걸까요?

❸ (4번째 장을 읽은 후) 이 동화는 어떤 이야기일까요?

❹ (5번째 장을 읽은 후) 옆에 앉은 달걀의 표정이 어떤가요? 왜 그런 표정일까요?

• 내가 가장 좋아하는 책을 소개합니다 •

🎈 **놀이 도구** 가정에서 내가 가장 좋아하는 책, 교실에서 내가 가장 좋아하는 책, 그림책 장면 카드 또는 책의 종류가 적힌 쪽지

🎈 **놀이 방법**
1. 우리 교실에서 내가 가장 좋아하는 책 한 권을 고른다.
2. 내가 이 책을 좋아하는 이유를 생각해 본다.
3. 짝꿍에게 내가 좋아하는 책을 보여 주며 이 책을 좋아하는 이유를 소개한다.
4. 가정에서 내가 가장 좋아하는 책을 가져온다.
5. 자유롭게 내가 가져온 책을 친구들에게 보여 주며 이 책을 좋아하는 이유를 소개한다.
6. 그림책에 나온 책의 종류에 따라 우리가 고른 책을 분류한다.
7. 읽고 싶은 책을 선택해 자유롭게 감상한다.

💡 **놀이 TIP**
1. 고른 책을 좋아하는 이유를 구체적으로 생각할 수 있도록 교사의 시범 설명을 들려주면 좋아요.
2. 아이들이 좋아하는 책으로 우리 반 추천 도서 목록을 만들어서 가정이나 다른 반 친구들에게 공유해도 좋아요.

🎈 **놀이 속 배움과 성장**
1. 책을 종류에 따라 나누며 기준에 따른 분류를 경험할 수 있어요.
2. 친구들이 가정에서 가져온 책을 통해 다양한 책에 관심을 가지고 책을 사랑하는 마음을 키울 수 있어요.

우리 반에서 내가 가장 좋아하는 책을 골라요

우리 반에서 내가 제일 좋아하는 책을 친구들에게 소개해요

우리 반 최고 인기 책은?

우리 집에서 내가 제일 좋아하는 책을 친구들에게 소개해요

• 서점으로 떠나는 그림책 여행 •

🎈 **놀이 도구** 장바구니, 카드, 카메라

🎈 **놀이 방법**
① 그림책을 많이 볼 수 있는 곳에 대해 이야기 나눈다.
② 서점은 무엇을 하는 곳인지 이야기 나누고, 많은 책을 정리하는 방법을 알아본다.
③ 근처 서점에 방문해 안내판을 보고 어린이 코너를 찾는다.
④ 4~5명으로 팀을 나눠 함께 코너를 둘러본다.
⑤ 각자 마음에 드는 책을 고르고, 회의를 통해 우리 팀이 구매할 책 1권을 결정한다.
⑥ 팀 친구들과 역할을 나눠 직접 계산한다.
⑦ 돌아와 서점에서 고른 책을 감상한다.

💡 **놀이 TIP**
① 방문할 서점에 미리 허락을 받아요.
② 책 고르는 방법을 미리 결정하고 방문해도 좋아요.
③ 아이들이 골랐지만 구매하지 못한 책은 사진을 찍어 가정에 공유하면 좋아요.
④ 어린이 도서관에 방문해도 좋아요. 도서관에서는 자유롭게 책을 감상하며 재미있는 책을 찾고, 친구와 교환해서 보는 활동을 진행할 수 있어요.

🎈 **놀이 속 배움과 성장**
① 회의를 통해 우리 팀의 책을 결정하며 긍정적인 문제 해결 방법을 실천할 수 있어요.
② 서점에서 다양한 책을 둘러보고 마음에 드는 책을 고르며 책에 더욱 관심을 가질 수 있어요.

서점에서 책을 둘러봐요

친구와 함께
사고 싶은 책을 골라요

회의를 통해 결정한 책을
구매해요

친구와 함께 계산을 해요

그림책 〈나는 자라요〉

\# 아이가 일상을 보내며 겪는 사소한 순간에서
성장의 의미를 찾는 이야기예요.

\# 몸뿐만 아니라 마음도 함께 성장한다는 것을
이야기 나눌 수 있어요.

✌️ 책 표지 탐색하기

❶ 그림책 제목을 같이 읽어 볼까요? '나'는 누구일까요?
❷ '자라요'는 어떤 의미일까요?
❸ 어떤 것을 자란다고 할 수 있을까요?
❹ 이야기 속의 '나'는 무엇이 자랄 것 같나요?
❺ 이 책의 이야기는 김희경 작가님이 지으셨고, 그림은 염혜원 작가님이 그리셨어요. 책은 창비에서 만들었어요.
❻ (판권을 보며) 〈나는 자라요〉는 2016년 4월 25일에 처음 태어났는데, 우리가 보는 이 책은 2017년 10월 10일에 3번째로 더 만들어진 책이에요.

✌️ 책 면지 탐색하기

❶ 면지에 적혀 있는 글을 같이 읽어 볼까요?
❷ 이 글은 누가 하는 말일까요?

✌️ 책 내용 탐색하기

❶ (1번째 장을 읽은 후) 엄마 품에 폭 안길 만큼 아주 작은 나처럼 또 작은 것이 있나요?
❷ (2번째 장을 읽은 후) 나의 어떤 것이 자랐나요? 또 자란 것이 있나요?
❸ (3번째 장을 읽은 후) 나의 표정이 어떤가요? 왜 이런 표정이 되었을까요?
❹ (7번째 장을 읽기 전에) 그림에서 이상한 부분을 찾아볼까요?
❺ (7번째 장을 읽은 후) 벽지 무늬가 왜 딱 맞지 않을까요?
❻ (8번째 장을 읽은 후) 왜 거북이랑 하늘을 나는 꿈을 꾸는 것 같나요? (인형, 이불, 침대 밑 종이비행기로 추측할 수 있도록 돕는다)
❼ (9번째 장을 읽은 후) 무슨 일이 있었던 걸까요? 엄마한테 왜 혼났을까요?

• 가장 귀여운 사진에 투표해 주세요! + 나의 성장 앨범 만들기 •

놀이 도구   아이의 성장 과정 사진(태아, 신생아, 1살, 3살, 5살, 7살), 스티커, 활동지, 연필, 채색 도구

놀이 방법

1. 자신의 성장 과정 사진이 있는 인쇄물을 나눠 준다.
2. 자유롭게 친구와 나의 사진을 비교하며 같은 점과 다른 점을 찾는다.
3. 친구와 나의 사진 속 모습을 따라 한다.
4. 스티커를 나눠 주고 가장 귀여운 시절의 친구 사진 아래에 스티커를 붙여 투표한다.
5. 친구들이 생각하는 나의 가장 귀여운 시절을 확인한다.
6. 활동지에 자신의 성장 과정 사진을 순서대로 붙인다.
7. 연필과 채색 도구를 활용하여 사진 속 나의 나이를 적고 주변을 꾸민다.

놀이 TIP

1. 모든 친구에게 투표할 수 있도록 한 친구에게 한 번만 투표하는 약속을 나누는 것이 좋아요.
2. 투표를 자유롭게 진행하면 아이들이 서로 소통하며 투표할 수 있지만, 이야기를 즐기는 아이는 투표 수가 적을 수 있어요. 상황에 따라 인쇄물을 책상에 내려놓은 후 순서대로 이동하며 모든 친구의 종이에 스티커를 붙이는 방법으로 진행해도 좋아요.

놀이 속 배움과 성장

1. 자신의 성장 과정에 대해 긍정적인 평가를 받으며 자존감을 높일 수 있어요.
2. 친구와 나의 사진에서 같은 점과 다른 점을 찾으며 관찰력을 키우고, 서로에게 친밀감을 표현하며 돈독해질 수 있어요.

사진 속 옛날의 나를 따라 해요

친구들에게 성장 사진을 소개해요

가장 귀여운 사진에 투표해 주세요

③번 사진이 가장 인기가 많아요

내가 만든 나만의 성장 앨범

• 찰칵! 누구일까요? + 부모님의 성장 앨범 만들기 •

🎈 **놀이 도구** 부모님의 성장 과정 사진(신생아, 아이, 청소년, 20대, 현재), 도화지, 꾸미기 재료, 채색 도구

🎈 **놀이 방법**
❶ 부모님의 성장 과정 사진을 순서대로 보여 준다.
❷ 부모님의 성장 과정 사진을 보며 어떤 친구의 부모님일지 예상한다.
❸ 부모님의 어린 시절과 나의 현재 모습을 비교하며 나는 어떤 모습으로 자랄지 상상해 본다.
❹ 도화지에 부모님의 성장 과정 사진을 순서대로 붙인다.
❺ 꾸미기 재료로 주변을 꾸미고, 채색 도구로 사진에 어울리는 말을 적어 준다.
❻ 자유롭게 내가 만든 부모님의 성장 앨범을 친구들에게 소개한다.

> 💡 **놀이 TIP**
> ❶ 부모님의 어린 시절 사진을 보고 '우리 부모님이 확실합니다!' 놀이를 해도 좋아요.
> ❷ 인터넷 검색을 통해 '포토 카드 꾸미기' 방법을 소개하면 좋아요.

🎈 **놀이 속 배움과 성장**
❶ 부모님의 성장 과정 사진을 통해 나의 미래 모습을 상상할 수 있어요.
❷ 부모님과 나의 닮은 점을 찾아보고 앨범을 만들며 부모님을 사랑하는 마음을 키울 수 있어요.

이 친구 부모님이 확실해요!

부모님의 어린 시절과 가장 닮은 친구

부모님의 성장 앨범

우리 부모님의 성장 과정을 소개해요

사진 속 부모님의 포즈를 따라 해요

친구와 나의 엄마를 비교해요

• 나는 자라요 •

🎈 **놀이 도구** 활동지, 연필, 채색 도구

🎈 **놀이 방법**
① 내가 자라면서 신체적으로 달라진 점을 이야기 나눈다.
② 내가 자라면서 새롭게 할 수 있게 된 것을 이야기 나눈다.
③ 성장의 의미에 대해 생각을 나누고, 나는 어떤 순간에 성장했는지 이야기 나눈다.
④ 좌우명의 의미에 대해 이야기 나누며 교사의 좌우명을 소개한다.
⑤ 앞으로 계속 성장해서 미래의 나는 어떤 사람이 되고 싶은지 생각해 본다.
 - 활동지 주제 : 내가 자라면서 달라진 점, 내가 생각하는 '자라는 순간', 좌우명 표현하기

💡 **놀이 TIP**
① 아이들이 신체적인 성장이나 능력의 성장뿐만 아니라 내면의 성장도 함께 느낄 수 있도록 도와주세요.
② 성장한 나의 미래를 떠올릴 때 직업이 아닌 꿈을 떠올릴 수 있도록 도와주세요.
③ 상황에 따라 활동지 주제를 선택해 글과 그림으로 표현하기 활동을 진행해 주세요.

🎈 **놀이 속 배움과 성장**
① 나의 과거와 미래에 대해 생각하며 자신을 이해하고 존중하는 마음을 키울 수 있어요.

나는 자라면서
키가 점점 커졌어요

나는 책을 읽을 때
생각이 자라요

들판처럼 마음이 넓은
사람이 되고 싶어요

나무처럼 지구를 사랑하는
사람이 되고 싶어요

• 느리게 가는 그림 편지 •

🎈 **놀이 도구** 활동지, 연필, 채색 도구

🎈 **놀이 방법**
① 미래의 나에게 편지를 보낼 시기를 정한다.
② 정한 시기의 나는 어떤 모습일지 상상한다.
③ 그 시기의 나에게 필요한 것은 어떤 것일지 생각해 본다.
④ 그 시기의 나에게 어떤 말을 해 주면 좋을지 생각해 본다.
⑤ 미래의 나에게 필요한 선물을 그림으로 그리고, 미래의 나에게 궁금한 질문이나 전하고 싶은 말을 편지에 적는다.
⑥ 편지를 봉투에 담아 밀봉한 후 부모님께 보관을 부탁한다.

💡 **놀이 TIP**
① 1년 뒤 정도로 편지 보는 날을 함께 정하고 교사가 편지를 보내 주거나, 가정에서 편지를 확인할 수 있도록 예약 문자를 활용하면 좋아요.
② 편지를 보낼 시기의 나는 어떤 상황일지 고민해 보고 그에 맞게 내용을 구성할 수 있도록 도와주세요.

🎈 **놀이 속 배움과 성장**
① 미래의 나의 모습을 상상해 선물과 편지 내용을 고민하며 나를 사랑하는 마음을 키울 수 있어요.

학교생활 파이팅!

공부는 차근차근!

파이팅, 사랑해!

틀려도 괜찮아!

그림책 <욕심쟁이 딸기 아저씨>

\# 욕심이 많던 딸기 아저씨가 동네 사람들과 함께 나누며 행복을 알게 되는 이야기예요.

\# 딸기 아저씨와 등장인물의 감정에 집중하며 감상할 수 있어요.

✌️ 책 표지 탐색하기

① (제목의 '욕심쟁이'를 가리고) 제목을 같이 읽어 볼까요? 이 그림책의 제목은 〈OOOO 딸기 아저씨〉예요. 누가 딸기 아저씨일까요?

② 왜 딸기 아저씨일까요?

③ 딸기 아저씨의 표정이 어떤가요? 왜 이런 표정인 것 같나요?

④ (제목의 '쟁이'만 공개하고) 이 딸기 아저씨는 OO쟁이래요. 빈칸에는 어떤 낱말이 들어가면 좋을까요?

⑤ 욕심쟁이 딸기 아저씨는 왜 딸기를 이렇게 많이 가지고 있을까요?

⑥ 이 책은 김유경 작가님이 이야기를 지으셨고, 노란돼지에서 만들었어요.

⑦ (판권을 보며) 〈욕심쟁이 딸기 아저씨〉는 2017년 1월 20일에 처음 태어났는데, 우리가 보는 이 책은 2018년 3월 7일에 4번째로 더 만들어진 책이에요.

✌️ 책 면지 탐색하기

① 무엇이 많이 보이나요?

② 딸기의 색이 왜 다를까요?

③ (속표지를 보며) 딸기 아저씨는 어디를 가는 중일까요?

✌️ 책 내용 탐색하기

① (1번째 장을 읽은 후) 과일 가게에서 딸기를 이렇게 많이 사 왔는데, 오늘 과일 가게에 세 번 다녀왔대요. 집에 딸기가 얼마나 있을까요?

② (2번째 장을 읽은 후) 우리 반 친구들이 딸기를 먹는다면 얼마나 먹어야 할까요?

③ (3번째 장을 읽은 후) 동네 사람들의 표정이 어떤가요? 왜 저런 표정을 지을까요?

④ 딸기 아저씨의 표정은 어떤가요? 왜 그런 표정을 지을까요? 따라 해 볼까요?

⑤ (5번째 장을 읽은 후) 딸기가 엄청 많아졌네요. 딸기 아저씨의 기분은 어떨까요?

⑥ (7번째 장을 읽은 후) 딸기 아저씨의 마음이 어떻게 변했나요? 왜 변했을까요?

⑦ (8번째 장을 읽은 후) 딸기 아저씨는 왜 갑자기 심통이 났을까요? 누가 찾아왔을까요?

• 딸기 아저씨의 표정 따라 하기 •

🎈 **놀이 도구** 딸기 아저씨 표정 그림 카드, 활동지, 연필, 채색 도구

🎈 **놀이 방법**
① 그림책 장면을 넘기며 딸기 아저씨의 표정을 집중해 관찰한다.
② 딸기 아저씨의 표정 그림 카드를 보며 어떤 상황이었는지 이야기 나눈다.
③ 딸기 아저씨의 표정이 왜 이런 것 같은지 생각을 나눈다.
④ 내가 가장 기억에 남는 딸기 아저씨의 표정을 그린다.
⑤ 내가 생각하는 표정의 이유를 그림 옆에 적는다.
⑥ 자유롭게 내가 그린 그림을 친구들에게 소개한다.
⑦ 내가 그린 딸기 아저씨의 표정과 친구가 그린 딸기 아저씨의 표정을 따라 해 본다.

💡 **놀이 TIP**
① 딸기 아저씨와 함께 다른 등장인물의 표정에 대해서도 생각해 보면 좋아요.
② 같은 표정이지만 이유를 다르게 생각한 아이들이 있다면 생각이 다를 수 있음을 이야기 나누면 좋아요.

🎈 **놀이 속 배움과 성장**
① 주인공의 표정을 그림으로 표현하고 이유를 생각하며 다양한 감정을 이해할 수 있어요.
② 친구들과 내 생각을 비교하며 서로 다른 생각의 차이를 알고 존중하는 태도를 기를 수 있어요.

딸기 아저씨의 표정 중 기억에
남는 표정을 그림으로 표현해요

사람들이 놀려서
화가 난 것 같아요

화가 난 딸기 아저씨의
표정을 따라 해요

내가 그린 표정을 따라 해요

표정 주사위 게임

🎈 **놀이 도구** 주사위 도안, 그림책 장면 스티커(장면 6개 이상), 딸기 카드(딸기 1개, 딸기 2개, 딸기 3개가 그려진 카드. 세 종류의 카드를 섞어 한 팀당 25장 내외로 준비)

🎈 **놀이 방법**
① 주사위 도안을 잘라 주사위를 만든다.
② 그림책 장면 스티커를 보며 어떤 상황인지 이야기 나눈다.
③ 장면 스티커 중 내가 원하는 장면 6개를 선택해 나만의 표정 주사위를 만든다.
④ 완성된 주사위를 굴려 나오는 장면의 등장인물 표정을 따라 한다.
⑤ 4~5명으로 팀을 나눠 앉고, 딸기 카드를 가운데에 쌓아 둔다.
⑥ 순서를 정하고 자기 차례에 내 표정 주사위를 던진다.
⑦ 나온 장면의 표정을 똑같이 따라 한다. 이때, 2명 이상이 인정하면 딸기 카드를 한 장 가져갈 수 있고 그렇지 않다면 카드를 가져갈 수 없다.
⑧ 카드가 모두 사라질 때까지 게임을 하고, 카드의 딸기가 가장 많은 사람이 승리한다.

> 💡 **놀이 TIP**
> ① 주사위를 만들기 어렵다면 장면 카드를 뽑아 표현하는 방법으로 진행해도 좋아요.
> ② 자신이 이기기 위해 친구의 표현을 인정하지 않으면 게임이 끝나지 않으므로 더욱 재미있는 게임을 위해 공정한 판단이 필요함을 미리 이야기 나누는 것이 좋아요.

🎈 **놀이 속 배움과 성장**
① 규칙을 알고 실천하며 타인과 더불어 생활하는 태도를 배울 수 있어요.
② 딸기의 수를 세고 친구와 비교하며 수학적 탐구 과정을 경험할 수 있어요.

친구들의 표정과 표현을 보고
판단해요

인정 못해요!

이 표정은 무슨 표정일까요?

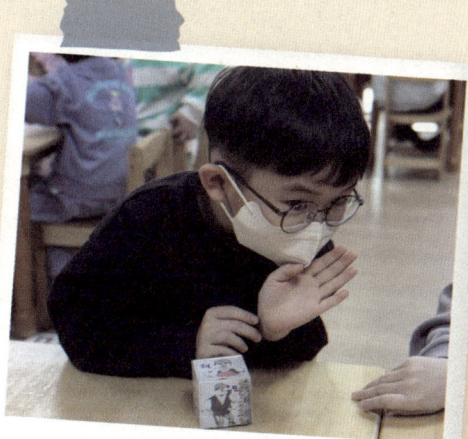

주사위를 굴려 나온 장면 속
인물의 표정을 따라 해요

• 감정 이모티콘 만들기 •

🎈 **놀이 도구** 도화지, 매직 또는 네임펜, 색연필, 물감, 붓, 물통

🎈 **놀이 방법**
① 다양한 감정에 대해 이야기 나눈다.
② 감정을 표현하는 방법에 대해 이야기 나눈다.
③ 표정을 볼 수 없는 글에서 감정을 표현하는 방법에 대해 이야기 나눈다.
④ 인터넷 검색을 통해 다양한 '감정 이모티콘'을 살펴보고 각 이모티콘의 감정에 대해 이야기 나눈다.
⑤ 도화지에 매직이나 네임펜으로 나만의 감정 이모티콘을 그리고 색칠한다.
⑥ 물감이 마르면 자유롭게 내가 그린 감정 이모티콘을 친구들에게 소개한다.
⑦ 친구가 만든 감정 이모티콘을 따라 해 보고, 어떤 감정인지 맞혀 본다.
⑧ 내가 그린 감정 이모티콘이 어떤 감정인지 그림 아래 적는다.

> 💡 **놀이 TIP**
> ① 감정 이모티콘을 보며 이야기 나눌 때 어울리는 말을 생각해 봐도 좋아요.
>   (예) 바깥 놀이는 너무 즐거워!
> ② 이모티콘을 색칠할 때 작은 부분은 색연필로 색칠하고 넓은 부분은 물감으로 칠하도록 지도하면 섬세한 표현을 할 수 있어 좋아요.

🎈 **놀이 속 배움과 성장**
① 다양한 감정을 표현하는 방법에 대해 알아볼 수 있어요.
② 여러 가지 미술 도구를 활용하여 작품을 만들며 다양한 도구의 특징을 알 수 있어요.

나만의 감정 이모티콘을 그려요

감정 이모티콘을 색칠해요

나만의 감정 이모티콘 완성!

다양한 표정을 그려도 좋아요

그림책 〈강아지 복실이〉

\# 강아지 복실이를 생일 선물로 받은 누나와 복실이와 함께하고 싶은 남동생의 이야기예요.

\# 남동생이 받고 싶은 선물을 상상할 때 내가 받고 싶은 선물을 상상할 수 있어요.

✌ 책 표지 탐색하기

❶ (제목을 가리고) 그림에서 어떤 것이 보이나요?
❷ 사람이 얼마나 있나요? 강아지는 얼마나 있나요?
❸ 사람을 셀 때랑 강아지를 셀 때 어떻게 말할까요?
❹ (제목을 공개하고) 제목을 같이 읽어 볼까요? 강아지 복실이는 누구일까요?
❺ 아이 두 명은 어떤 사이일까요? 복실이의 주인은 누구일까요?
❻ 이 책의 이야기는 한미호 작가님이 지으셨고, 그림은 김유대 작가님이 그리셨어요. 책은 국민서관에서 만들었어요.
❼ (판권을 보며) 〈강아지 복실이〉는 2012년 9월 5일에 처음 태어났는데, 우리가 보는 이 책은 2018년 3월 14일에 8번째로 더 만들어진 책이에요.

✌ 책 면지 탐색하기

❶ 이곳은 어디일까요? 무엇이 날아다니고 있나요? 이 나비는 어디로 가는 걸까요?
❷ (속표지를 보며) 복실이가 어디에 있나요? 복실이는 어떻게 이 집에 오게 된 걸까요?

✌ 책 내용 탐색하기

❶ (1번째 장을 읽은 후) 복실이는 누구의 강아지인가요? 누나와 남동생은 복실이를 어떻게 생각하는 것 같나요?
❷ (2번째 장을 읽은 후) 복실이랑 어떻게 놀이하고 있나요?
❸ (4번째 장을 읽은 후) 남동생의 기분이 어떤 것 같나요?
❹ 누나는 왜 남동생의 부탁을 들어주지 않는 걸까요?
❺ (5번째 장을 읽은 후) 복실이의 표정은 어떤가요? 복실이는 어떤 마음일까요?
❻ (13번째 장의 글을 가리고) 복실이가 남동생에게 어떻게 하고 있나요?
❼ 복실이가 왜 망토를 물고 놔주지 않는 걸까요?
❽ 누나에게 어떻게 말해야 복실이랑 놀 수 있을까요?

• 내가 그림책의 주인공이 된다면? •

🎈 **놀이 도구** 활동지, 연필, 채색 도구

🎈 **놀이 방법**
① 누나와 남동생의 갈등이 생기는 그림책 초반 부분까지만 감상하고 어떤 상황인지 이야기 나눈다.
② 남동생의 마음은 어떨 것 같은지 이야기 나눈다.
③ 누나의 마음은 어떨 것 같은지 이야기 나눈다.
④ 그렇다면 강아지 복실이의 마음은 어떨 것 같은지 이야기 나눈다.
⑤ 만약 강아지 복실이가 말을 할 수 있다면 뭐라고 말할 것 같은지 이야기 나눈다.
⑥ 만약 내가 남동생이라면 강아지 복실이와 놀기 위해 누나를 어떻게 설득할지 생각해 본다.
  - 활동지 주제 : 강아지 복실이의 마음, 누나를 설득하는 편지 적기

💡 **놀이 TIP**
① 이야기를 나눌 때는 왜 그렇게 생각하는지 이유도 함께 말할 수 있도록 격려해 주세요.
② 상황에 따라 활동지 주제를 선택해 글과 그림으로 표현하기 활동을 진행해 주세요.

🎈 **놀이 속 배움과 성장**
① 캐릭터의 상황과 감정을 이해하고, 누나를 설득하기 위해 고민하며 사회성이 발달할 수 있어요.
② 이야기의 상황을 이해하고 앞으로의 줄거리를 추측하며 상상력과 창의력을 기를 수 있어요.

복실이는 모두와 놀고 싶어서
속상했을 것 같아요

복실이는 불편하고
속상했을 것 같아요

복실이는 남동생이랑도 목욕을
해보고 싶어할 것 같아요

복실이는 누구랑 놀지
고민했을 것 같아요

• 내가 받고 싶은 생일 선물 만들기 •

🎈 **놀이 도구** 클레이, 우드락, 사인펜, 매직

🎈 **놀이 방법**
❶ 그림책 장면을 넘기며 남동생이 누구에게 어떤 선물을 받고 싶어 하는지 회상한다.
❷ 내가 받고 싶은 생일 선물에 대해 이야기 나눈다.
❸ 생일 선물을 누구에게 받고 싶은지 생각해 본다.
❹ 내가 받고 싶은 생일 선물을 다양한 색의 클레이와 사인펜을 칠해 색을 만든 흰색 클레이를 활용해 만든다.
❺ 우드락 판에 내가 만든 클레이 생일 선물을 올리고, 매직으로 누구에게 받고 싶은 어떤 선물인지 적는다.
❻ 자유롭게 내가 받고 싶은 생일 선물을 친구들에게 소개한다.

💡 **놀이 TIP**
❶ 흰색 클레이로 색을 만들 때는 넓게 펼친 클레이를 사인펜으로 색칠하고, 칠한 부분이 손에 닿지 않게 접은 후 색을 섞도록 지도해 주세요.
❷ 그림책 속 남동생처럼 내가 만든 선물을 받으면 어떤 일이 생길지 함께 생각하면 좋아요.

🎈 **놀이 속 배움과 성장**
❶ 흰색 클레이와 사인펜으로 원하는 색을 만들며 채도의 차이를 느낄 수 있어요.
❷ 내가 받고 싶은 생일 선물을 만들며 상상력과 표현력을 기를 수 있어요.

내가 받고 싶은 생일 선물을
선생님에게 소개해요

내가 받고 싶은 생일 선물을
친구들에게 소개해요

선생님한테 받고 싶은
생일 선물

엄마한테 받고 싶은 생일 선물

그림책 <아빠가 아플 때>

\# 아픈 아빠를 대신해 아빠의 일을 대신하는 남매의 이야기예요.

\# 우리 아빠를 떠올리며 가족을 사랑하는 마음을 키울 수 있어요.

✌ 책 표지 탐색하기

❶ (제목의 '아플'을 가리고) 제목을 같이 읽어 볼까요? 〈아빠가 OO 때〉.
❷ 그림 속 아이들이 무엇을 하고 있나요? 그림 속 아이들은 어떤 사이일까요?
❸ 이 아이들은 무엇을 하는 걸까요?
❹ 그림책 제목을 완성하면 무엇일까요?
❺ (제목을 공개하고) 제목을 같이 읽어 볼까요? 아빠가 어디가 아픈 걸까요?
❻ 아빠가 아파서 어떤 일이 생겼을까요?
❼ 이 책의 이야기는 한라경 작가님이 지으셨고, 그림은 이보라 작가님이 그리셨어요. 책은 리틀씨앤톡에서 만들었어요.
❽ (판권을 보며) 〈아빠가 아플 때〉는 2016년 4월 22일에 처음 태어났는데, 우리가 보는 이 책은 2017년 10월 15일에 3번째로 더 만들어진 책이에요.

✌ 책 면지 탐색하기

❶ 그림에 그려진 모습들은 무엇일까요?
❷ 아빠의 하루 중 어떤 것이 제일 먼저 일어나는 일일까요?
❸ (속표지를 보며) 아빠가 아파서 아이들이 무엇을 하고 있나요?

✌ 책 내용 탐색하기

❶ (1번째 장을 읽은 후) 아빠 발이 왜 아직도 침대에 있을까요?
❷ (2번째 장을 읽은 후) 아빠가 하는 일을 왜 대신하는 걸까요?
❸ 어떤 일들을 대신할 것 같나요?
❹ (3번째 장을 읽은 후) 아빠의 면도 거품을 따라 하기 위해 얼굴에 무엇을 묻혔나요?
❺ (10째 장을 읽은 후) 아이들이 치킨을 어떻게 만들 것 같나요?
❻ (11번째 장을 읽은 후) 식탁에 초록색으로 가려진 것은 무엇일까요?
❼ (이야기가 끝난 후 뒤 면지를 보며) 이 사람은 누구일까요?
❽ 저금통의 돈들은 왜 꺼내져 있을까요?

• 그림책 장면 카드 게임 •

🎈 **놀이 도구** 그림책 장면 카드

🎈 **놀이 방법**

[장면 순서 맞추기]
1. 그림책 장면을 넘기며 이야기 내용과 순서를 회상한다.
2. 팀을 나눠 팀별로 장면 카드 꾸러미를 갖는다.
3. 팀 친구들과 협동해 장면을 순서대로 배열한다.
4. 그림책 장면을 넘기며 순서를 확인하고 잘못된 부분이 있다면 수정한다.

[장면 맞히기]
1. 카드를 모아 가운데에 두고 팀 친구들과 게임 순서를 정한다.
2. 한 아이가 카드를 보지 않고 뽑아서 이마에 대면 다른 친구들이 장면 카드의 전후 사정을 설명한다.
3. 친구들의 설명을 듣고 해당 카드가 어떤 장면인지 맞히면 카드를 갖는다.
4. 카드를 가장 많이 모은 친구에게 사랑의 말을 선물한다.

💡 **놀이 TIP**
1. 아이들의 수준에 따라 순서 배열을 어려워한다면 책 확인하기 기회를 제공할 수 있어요.
2. 장면 맞히기 게임 시 설명을 어려워한다면 행동 표현으로 진행할 수 있어요.

🎈 **놀이 속 배움과 성장**
1. 협동 활동을 통해 친구와 소통하며 문제를 해결하는 경험을 할 수 있어요.
2. 순서 맞추기를 하며 이야기가 일어난 순서를 생각하는 경험을 할 수 있어요.

장면 순서를 맞춰요

장면 순서 맞추기 성공!

친구의 설명을 듣고 내가 뽑은 카드가 어떤 장면인지 맞혀요

새로운 카드 놀이 방법을 만들어요

• 그림책 속 아빠와 우리 아빠를 비교해요 •

🎈 **놀이 도구** 활동지, 연필, 채색 도구, 그림책 장면 카드

🎈 **놀이 방법**
① 그림책을 감상하고 그림책 속 아빠가 하는 일과 우리 아빠가 하는 일을 표시해요.
② 그림책 속 아빠와 우리 아빠의 같은 점과 다른 점을 구분해요.
③ 우리 아빠의 하루 또는 우리 아빠의 하루 중 가장 특별한 일을 그림으로 표현해요.
④ 자유롭게 친구들의 아빠와 우리 아빠를 비교하며 같은 점과 다른 점을 찾아요.
⑤ 그림책 장면 카드를 활용해 아빠 모습 따라 하기 놀이를 해요.
⑥ 친구들의 그림을 활용해 친구 아빠 따라 하기 놀이를 해요.

💡 **놀이 TIP**
① 그림책 속 아빠가 하는 일과 우리 아빠가 하는 일을 다른 색으로 표시하면 좋아요.
② 놀이를 하기 전 미리 아빠를 관찰할 수 있도록 사전에 말해 주는 것이 좋아요.
③ 그림책 장면을 찍어서 미리 장면 카드를 만들어요.
④ 그림책 장면 카드와 같은 크기의 종이를 제공하고, 아이들이 직접 우리 아빠가 하는 일 카드를 만들어도 좋아요.

🎈 **놀이 속 배움과 성장**
① 우리 아빠의 하루를 그림으로 표현하며 가족을 사랑하는 마음을 키울 수 있어요.
② 그림책 장면 카드와 친구들이 만든 그림 카드를 따라 하며 표현력을 키울 수 있어요.

친구들에게
우리 아빠를 소개해요

아빠가 자는 모습
따라 하기

아빠가 면도하는 모습
따라 하기

아빠가 운전하는 모습
따라 하기

4장 / 한글이랑 이야기해요!

• 우리 아빠를 위한 선물 만들기 •

🎈 **놀이 도구** 활동지, 클레이, 우드락, 매직

🎈 **놀이 방법**
① 가정 연계 활동으로 '우리 가족이 생각하는 우리 아빠의 좋은 점'을 적는다.
② 자유롭게 친구들에게 우리 아빠의 좋은 점을 소개한다.
③ 친구들의 소개를 들으며 좋은 말 선물을 나눈다.
④ 우리 아빠에게 드리고 싶은 선물을 생각하고 클레이로 만든다.
⑤ 우드락 판에 아빠의 이름을 적고 아빠에게 하고 싶은 말을 적는다.
⑥ 클레이로 만든 선물과 어울리는 그림을 그려 우드락을 꾸민다.

💡 **놀이 TIP**
① 아빠를 위한 선물을 정할 때 왜 그 선물을 드리고 싶은지 이유까지 생각해 볼 수 있도록 도와주세요.
② 클레이로 만들기 전 그림으로 먼저 표현해 보면 더 쉽게 만들 수 있어요.

🎈 **놀이 속 배움과 성장**
① 아빠에게 드릴 선물을 선택한 이유를 말하며 깊이 있게 생각하는 힘을 기를 수 있어요.
② 가정 연계 활동을 통해 서로 다른 생각을 느낄 수 있고, 가족 간의 사랑이 깊어져요.

우리 가족이 생각하는
아빠의 좋은 점

우리 아빠의 좋은 점을 소개해요

아빠를 위한 선물을
그림으로 표현해요

아빠를 위한 선물을 만들고
아빠를 위한 메시지를 적어요

그림책 〈발가락〉

\# 잠들기 전에 이불 밖으로 빼꼼 나온 발가락을 보며 상상하는 이야기예요.

\# 발가락과 그림들을 비교하고, 또 다른 닮은꼴을 찾아볼 수 있어요.

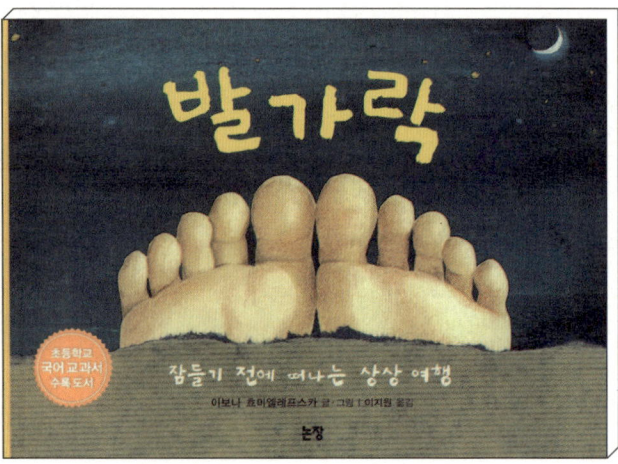

발가락을 따라 그려요

발가락 연상 그림을 그려요

발가락이 아이스크림으로 변했어요

친구에게 내 그림을 소개해요

• 만약 내가 발가락이 된다면? •

🎈 **놀이 도구** 활동지, 연필, 채색 도구

🎈 **놀이 방법**
① 만약 발가락이 된다면 어떤 점이 좋을지 생각해 보고 이야기 나눈다.
② 만약 발가락이 된다면 어떤 점이 좋지 않을지 생각해 보고 이야기 나눈다.
③ 발가락의 장단점을 글과 그림으로 표현한다.
④ 아이들의 생각을 모아서 장단점을 각각 정리한다.
⑤ 정리된 장단점을 참고하여 발가락 변신 찬반 투표를 한다.

💡 **놀이 TIP**
① 발가락의 장단점을 생각하기 전 발가락의 특징을 이야기 나누면 좋아요.
② 아이들의 생각을 모은 장단점을 복도에 게시해 다른 사람들의 투표를 받아도 좋아요.

🎈 **놀이 속 배움과 성장**
① 발가락의 특징을 고려하여 장단점을 생각하며 원인에 따른 결과를 표현할 수 있어요.
② 친구들과 서로 다른 생각을 공유하며 다른 사람의 의견을 존중하는 태도를 연습할 수 있어요.

뛰면 날 수 있지만
양말 때문에 더운 발가락

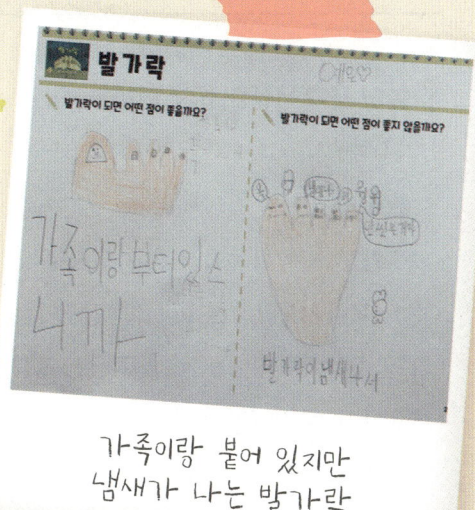

가족이랑 붙어 있지만
냄새가 나는 발가락

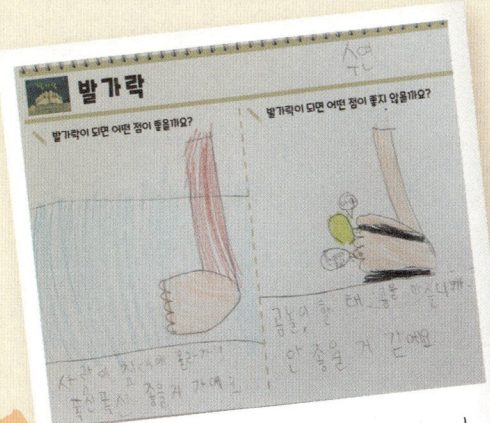

침대에선 폭신함을 느낄 수 있지만
공놀이를 하면 아픈 발가락

겨울에 양말을 신으면 포근하지만
가장 아래에 있어서 힘든 발가락

4장 / 한글이랑 이야기해요! 235

• 같으면서 다른 우리 가족의 발 •

🎈 **놀이 도구** 4절 도화지, 연필, 채색 도구, 마이크

🎈 **놀이 방법**
① 가정 연계 활동을 위해 가정으로 4절 도화지를 보낸다.
   - 우리 가족의 발을 따라 그리고 꾸민 뒤, 가족의 발에 별명을 붙인다.
   - 우리 가족의 발을 관찰해 같은 점과 다른 점을 세 가지씩 찾는다.
② 가정 연계 활동 결과물을 친구들에게 보여 주며 발표한다.
③ 우리 가족의 발과 친구 가족의 발을 비교하며 같은 점과 다른 점을 찾는다.

> 💡 **놀이 TIP**
> ① 우리 가족의 발을 따라 그린 뒤 그림으로 특징을 자세하게 표현할 수 있도록 격려해 주세요.
> ② 다른 점에 크기에 대한 내용이 많다면 우리 반 친구들의 발 크기를 비교해서 가장 발이 큰 친구와 가장 발이 작은 친구를 찾아보는 놀이를 해도 좋아요.

🎈 **놀이 속 배움과 성장**
① 우리 가족의 발을 따라 그리고 관찰하는 시간을 통해 가족을 사랑하는 마음이 더욱 단단해져요.
② 발표 활동을 통해 자신감과 의사 표현 능력을 키울 수 있어요.

우리 가족의 발을 소개합니다

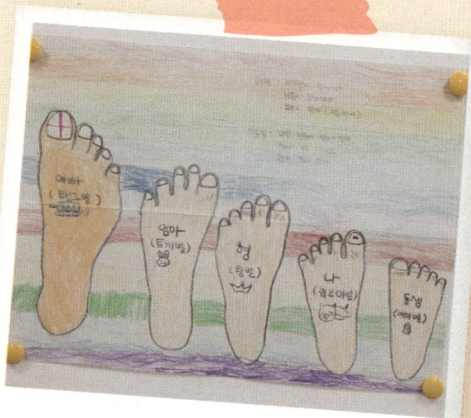

같으면서 다른
우리 가족의 발

친구의 아빠랑
내 발을 비교해요

친구의 발이랑
내 발을 비교해요

그림책 <구름 놀이>

\# 하늘에 떠 있는 구름과
두 손으로 상상 놀이를 하는 이야기가 나와요.

\# 이야기에 어울리는 의성어와 의태어가 나와요.

✌️ 책 표지 탐색하기

❶ (제목을 가리고) 그림에서 어떤 것이 보이나요?

❷ 우산에 가려진 사람은 어떤 자세로 있을까요? 따라 해 볼 수 있나요?

❸ 우산에 가려진 사람은 누워서 무엇을 하는 것 같나요?

❹ 이 그림책의 제목은 〈○○ 놀이〉예요. 제목이 무엇일까요?

❺ 구름으로 어떻게 놀이하는 걸까요?

❻ 이 책은 한태희 작가님이 이야기를 지으셨고, 미래엔아이세움에서 만들었어요.

❼ (판권을 보며) 〈구름 놀이〉는 2004년 7월 6일에 처음 태어났는데, 우리가 보는 이 책은 2017년 5월 10일에 13번째로 더 만들어진 책이에요.

❽ (속표지를 보며) 제목 밑에 어떤 모양의 구름이 있나요?

✌️ 책 내용 탐색하기

❶ (1번째 장을 읽은 후) 구름이 어떤 모양으로 보이나요?

❷ (3번째 장을 읽은 후) 나비가 꿀을 어떻게 먹고 있나요? 손은 어떻게 표현되어 있나요?

❸ (4번째 장을 읽은 후) 나비가 어떻게 날아갔나요? 팔랑팔랑 날아가 볼까요? 이제 누가 찾아올까요?

❹ (6번째 장을 읽은 후) 새가 어떻게 날아갔나요? 포로롱 날아가는 것 말고 또 어떻게 날아갈 수 있을까요?

❺ (장을 넘기기 전에) 이제 누가 찾아올까요? 손으로 어떻게 놀이할 것 같나요?

❻ (9번째 장을 읽은 후) 호랑이가 어떻게 걸어왔나요?

❼ (10번째 장을 읽은 후) 호랑이처럼 어슬렁어슬렁 걸어 볼까요? 그러다 갑자기… 어흥!

• 구름 연상 그림 그리기 •

🎈 **놀이 도구** 구름 사진, 도화지, 연필. 채색 도구

🎈 **놀이 방법**
① 구름 사진을 보며 그림책처럼 어떤 모습이 연상되는지 이야기 나눈다.
② 하늘을 보며 구름을 관찰해 그리거나 구름 사진을 보고 그린다.
③ 구름 그림을 바탕으로 연상되는 것을 그림으로 표현한다.
④ 자유롭게 내가 그린 구름 연상 그림을 친구들에게 소개한다.
⑤ 친구가 그린 그림을 보고 어떤 것을 연상해서 그린 것인지 상상한다.
⑥ 무엇을 그린 것인지 그림 옆에 적는다.

> 💡 **놀이 TIP**
> ① 돗자리를 깔고 누워서 하늘을 관찰해도 좋아요.
> ② 구름 관찰을 할 때 찍었던 사진이나 인터넷 검색을 통해 내려받은 구름 사진을 활용하거나 가정 연계 활동으로 내가 관찰한 구름 사진 찍기를 진행해도 좋아요.
> ③ 내가 원하는 구름 사진을 크게 인쇄해 사진에 바로 연상 그림을 그려도 좋아요.

🎈 **놀이 속 배움과 성장**
① 구름의 모양을 보고 연상 그림을 그리며 상상력을 키울 수 있어요.
② 구름 연상 놀이에 흥미를 느껴 하늘을 자주 바라보는 자연 친화적인 아이가 될 수 있어요.

구름을 관찰해요

내가 관찰한 구름을 그림으로 표현해요

구름이 아이스크림처럼 생겼어요

구름이 새총처럼 생겼어요

• 의성어·의태어로 이야기 짓기 •

🎈 **놀이 도구** 의성어·의태어 낱말 카드, 활동지, 연필, 채색 도구

🎈 **놀이 방법**
① 의성어·의태어 낱말 카드를 활용해 다양한 의성어와 의태어의 의미를 이야기 나눈다.
② 내가 알고 있는 또 다른 의성어와 의태어를 이야기 나눈다.
③ 가장 마음에 드는 의성어나 의태어를 선택해 나만의 이야기를 만들고 그림으로 표현한다.
④ 자유롭게 내가 만든 그림을 친구들에게 소개한다.
⑤ 친구들의 그림을 보고 친구가 사용한 의성어·의태어를 맞혀 본다.
⑥ 그림 옆에 나만의 이야기를 문장으로 적는다.
⑦ 아이들이 만든 이야기 문장을 활용해 표현 놀이를 한다.

> 💡 **놀이 TIP**
> ① 낱말 카드를 활용해 의성어와 의태어의 의미를 이야기 나눌 때 가볍게 표현하면 더욱 즐겁게 기억할 수 있어요.
> ② 문장을 적는 것이 어려운 경우 교사가 글을 적어 주거나, 적어 준 글을 보고 따라 적을 수 있도록 도와주세요.

🎈 **놀이 속 배움과 성장**
① 내가 선택한 의성어나 의태어로 이야기를 지으며 문장 구성 능력을 키울 수 있어요.
② 다양한 낱말을 활용해 이야기를 만들고 친구의 문장을 들으며 어휘력을 기를 수 있어요.

강아지가 '쿨쿨' 잠을 자요

펭귄이 '뒤뚱뒤뚱' 이글루로 걸어가요

친구가 사용한 의성어·의태어를 맞혀 봐요

내가 만든 이야기를 소개해요

· 소원 구름 만들기 ·

🎈 **놀이 도구** 구름 모양으로 자른 OHP 필름, 매직, 솜, 풀

🎈 **놀이 방법**
1. 소원의 의미에 대해 이야기 나눈다.
2. 나의 소원에 대해 이야기 나눈다.
3. 구름 모양으로 자른 OHP 필름에 매직으로 자신의 소원을 적는다.
4. 구름에 붙일 솜을 자유롭게 탐색한다.
5. 소원을 적은 뒷면에 풀을 이용해 솜을 붙인다.
6. 친구들에게 소원 구름을 보여 주며 나의 소원을 소개한다.

💡 **놀이 TIP**
1. 인쇄용 OHP 필름에 구름 모양 선을 인쇄해서 자르면 좋아요.
2. 솜을 너무 무겁게 붙이면 OHP 필름이 휠 수 있으니 두껍지 않게 붙이도록 도와주세요.
3. 내가 스스로 노력해서 이룰 수 있는 소원에 대해 이야기 나누며 노력하는 태도와 긍정적인 마음가짐에 대해 이야기 나누면 좋아요.

🎈 **놀이 속 배움과 성장**
1. 솜을 탐색하고 미술 재료로 활용하며 촉감 놀이를 즐길 수 있어요.
2. 노력하면 할 수 있다는 긍정적인 마음가짐을 나누며 자존감을 높일 수 있어요.

유치원 선생님이 되게 해 주세요

코로나가 사라지게 해 주세요

가수가 되게 해 주세요

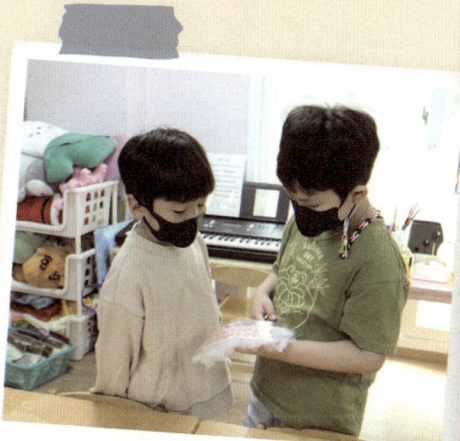

친구에게 내 소원을 소개해요

그림책 〈숲속 재봉사〉

\# 다양한 자연물을 이용해 동물들이 원하는 옷을 만드는 숲속 재봉사의 이야기예요.

\# 동물들이 왜 그 옷을 원하는지 동물의 특징과 관련지어 생각할 수 있어요.

✌ 책 표지 탐색하기

❶ (제목을 가리고) 그림에서 어떤 것들이 보이나요?
❷ 이 캐릭터는 무엇을 하고 있나요? 무엇을 하는 사람일까요?
❸ (꽃잎으로 만들어진 옷을 가리키며) 이건 무엇으로 만든 옷인가요?
❹ (제목을 보여 주고) 제목을 같이 읽어 볼까요? 재봉사는 무엇을 하는 사람일까요?
❺ 숲속 재봉사는 누구를 위해 옷을 만들어 줄까요?
❻ 숲속 재봉사 말고 또 누가 보이나요? 거미는 무엇을 하는 걸까요?
❼ 이 책은 최향랑 작가님이 이야기를 지으셨고, 창비에서 만들었어요.
❽ (판권을 보며) 〈숲속 재봉사〉는 2010년 10월 15일에 처음 태어났는데, 우리가 보는 이 책은 2017년 9월 20일에 9번째로 더 만들어진 책이에요.

✌ 책 면지 탐색하기

❶ 어떤 것들이 보이나요? 어떤 자연물들이 있나요?
❷ 이 자연물들로 무엇을 할 것 같나요?
❸ 숲속 재봉사가 어떤 옷을 만들 수 있을까요?

✌ 책 내용 탐색하기

❶ (1번째 장을 읽은 후) 그림이 어떻게 표현되어 있나요? 집의 연기는 무엇으로 만들어졌을까요?
❷ (2번째 장을 읽은 후) 이 소리는 어떤 것을 할 때 나는 소리일까요?
❸ (3번째 장을 읽은 후) 숲속 재봉사는 왜 열심히 옷을 만들까요?
❹ (4번째 장을 읽은 후) 새들이 어떤 옷을 부탁할 것 같나요?
❺ (6번째 장을 읽은 후) 물고기들은 어떤 옷을 부탁할 것 같나요?
❻ 숲속 재봉사가 무엇을 쓰고 있나요? 왜 쓰고 있을까요?
❼ (8번째 장을 읽은 후) 기린은 어떤 옷을 부탁할 것 같나요?

• 만약 내가 숲속 재봉사라면? •

🎈 **놀이 도구** 도화지, 연필, 채색 도구, 자연물, 목공풀

🎈 **놀이 방법**
① 눈을 감고 상상의 나라에서 숲속 재봉사로 변신한다.
② 상상의 나라에 있는 숲속의 집을 찾아가 나에게 찾아온 동물의 이야기를 듣는다.
③ 동물 친구의 모습을 마음 카메라로 사진을 찍은 후 교실로 돌아와 눈을 뜬다.
④ 나에게 찾아왔던 동물을 도화지에 그린다.
⑤ 자연물을 활용해 동물이 필요하다고 이야기한 옷을 디자인해 목공풀로 붙인다.
⑥ 동물 친구의 이름과 이야기를 그림 주변에 적고, 친구들에게 소개한다.

> 💡 **놀이 TIP**
> ① 상상 놀이할 때 상황을 구체적으로 제시하면 아이들이 몰입할 수 있어요.
>   (예) 상상의 나라는 비행기를 타고 가야 하는 나라로 상황 설정
>   공항 버스 탑승 > 벨을 누르고 하차해 공항으로 입장 > 보안 검색과 탑승 수속 후 비행기 탑승 > 비행기 이륙, 기내식으로 식사 > 착륙해 상상의 나라 입국 > 상상의 숲속을 둘러보며 집에 들어가기 > 띵동! 벨이 울리고 들어온 동물 친구 맞이 > 친구 이야기 귀 기울여 듣기 > 마음 카메라로 동물 친구 사진 찍기 > 비행기와 버스를 타고 돌아오기
> ② 동물 친구에게 그 옷이 왜 필요한지 이유를 질문하여 깊이 있게 상상하도록 도와주세요.

🎈 **놀이 속 배움과 성장**
① 자연물을 활용한 미술 놀이를 통해 자연의 아름다움과 소중함을 느낄 수 있어요.
② 나에게 찾아온 동물과 그 동물이 가진 사연을 상상하며 창의력을 키울 수 있어요.

상상의 지도 앱으로
숲속 집을 찾아가요

자동차나 버스, 비행기로
상상의 숲속 집으로 이동해요

필요한 자연물을 준비해요

고양이를 위한
따뜻한 목도리

토끼를 위한
결혼식 참석 드레스

나에게 찾아온 동물을
친구들에게 소개해요

그림책 <동물들의 장보기>

\# 다양한 동물들이 기린 마트에 가서 몸에 좋고 맛도 좋은 자연식품을 고르는 이야기예요.

\# 자연식품에 대해 긍정적인 생각을 가질 수 있어요.

✌ 책 표지 탐색하기

1. (원숭이, 쥐, 강아지 그림을 각각 작은 종이로 가리고) 그림책 제목을 같이 읽어 볼까요?
2. 동물들이 마트에 가면 어떤 음식들을 살 것 같나요?
3. 그림에 어떤 동물들이 보이나요? 동물들이 어떤 음식을 샀나요? 종이 뒤에는 어떤 동물이 숨어 있을까요?
4. (종이를 부분만 보여 주며) 이 동물은 누구일까요? 원숭이는 어떤 음식을 살까요?
5. (종이를 부분만 보여 주며) 치즈를 산 이 동물은 누구일까요?
6. 이 책의 이야기는 조반나 조볼리 작가님이 지으셨고, 그림은 시모나 무라짜니 작가님이 그리셨어요. 김호정 번역가님이 우리말로 옮겨 주셨고, 책은 책속물고기에서 만들었어요.
7. (판권을 보며) 〈동물들의 장보기〉는 2010년 10월 25일에 처음 태어났는데, 우리가 보는 이 책은 2021년 11월 8일에 14번째로 더 만들어진 책이에요.

✌ 책 면지 탐색하기

1. (속표지를 보며) 제목 아래에 어떤 그림이 있나요?
2. 이곳은 어디일까요? 이름은 무엇일까요?
3. 작은 제목을 같이 읽어 볼까요? 자연식품이 무엇일까요?

✌ 책 내용 탐색하기

1. (1번째 장을 읽은 후) 기린마트에는 어떤 자연식품들이 있을까요?
2. 마트가 무슨 모양인가요? 나무는 무슨 모양인가요?
3. (2번째 장을 펼치기 전에) 기린마트에 누가 가장 먼저 올까요?
4. 코끼리 식구들이 아카시아 잎 세 트럭을 얼마 만에 다 먹을까요?
5. (3번째 장을 읽은 후) 엄마 곰 표정이 어떤가요? 왜 그럴까요?

• 내가 그림책으로 들어간다면? •

🎈 **놀이 도구** 활동지, 연필, 채색 도구, 스티커

🎈 **놀이 방법**
❶ 기린마트에서 파는 식품들의 같은 점을 찾아보며 자연식품의 의미를 알아본다.
❷ 기린마트에서 자연식품만 판매하는 이유에 대해 이야기 나눈다.
❸ 만약 내가 기린마트에 간다면 어떤 자연식품을 사고 싶은지 이야기 나눈다.
❹ 만약 내가 기린마트의 사장님이라면 어떤 자연식품을 팔고 싶은지 이야기 나눈다.
❺ 내가 사고 싶은 자연식품을 그림으로 표현하고, 사고 싶은 이유를 적는다.
❻ 내가 팔고 싶은 자연식품을 그림으로 표현하고, 그 이름과 팔고 싶은 이유를 적는다.
❼ 스티커를 하나씩 나눠 갖고, 친구들이 팔고 싶은 자연식품 그림을 자유롭게 보며 내가 사고 싶은 자연식품에 스티커를 붙인다.

💡 **놀이 TIP**
❶ 자연식품에 대해 이야기 나누며 친환경 농산물에 대해 알아보고, 환경 교육을 함께 해도 좋아요. (자연식품 : 과일이나 채소처럼 자연 그대로의 식품이나 화학 비료나 농약을 사용하지 않고 만든 자연 그대로의 식품)
❷ 사거나 팔고 싶은 자연식품을 고른 이유를 생각할 때 나의 취향과 함께 식품의 장점에 대해 생각해 보도록 도와주세요.
❸ 친구들에게 내가 준비한 자연식품을 홍보하는 놀이를 해도 좋아요.

🎈 **놀이 속 배움과 성장**
❶ 우리 몸에 좋은 자연식품에 관심을 가지며 올바른 식습관 태도를 기를 수 있어요.

내가 사고 싶은 식품과
팔고 싶은 식품을 소개해요

내가 사고 싶은 식품에
스티커를 붙여요

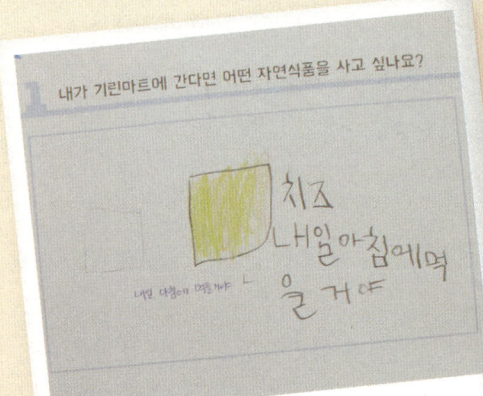

내가 기린마트에 간다면

내가 기린마트 사장님이라면

4장 / 한글이랑 이야기해요!

· 자연식품 장보기 계획을 세워요 ·

🎈 **놀이 도구** 활동지, 연필, 채색 도구

🎈 **놀이 방법**
① 그림책에 나왔던 자연식품을 떠올리고 또 다른 자연식품에 대해 이야기 나눈다.
② 마트 온라인몰에서 요즘 살 수 있는 자연식품은 어떤 것들이 있는지 살펴본다.
③ 내가 사고 싶은 자연식품을 고르고, 그것을 어떻게 먹고 싶은지 이야기 나눈다.
④ 활동지에 내가 사고 싶은 자연식품과 먹는 방법을 글과 그림으로 표현한다.
⑤ 자유롭게 나의 장보기 계획을 친구들에게 소개한다.

💡 **놀이 TIP**

① 온라인몰에는 있지만 유치원 주변 마트에는 식품이 없을 수 있다는 것을 미리 이야기 나눠 주세요.
② 가정 연계 활동으로 자연식품 장보기 활동을 진행해도 좋아요. 이때, 환경 교육을 함께 진행한다면 지구를 지키는 장보기 방법에 대해 함께 이야기 나누고 지구 지키기 미션을 추가해도 좋아요. (걸어가거나 대중교통 이용해서 마트 가기, 장바구니 사용하기, 계획대로 구매하기, 친환경 농산물 구매하기, 남기지 않고 먹기, 포장재 분리 배출하기)

🎈 **놀이 속 배움과 성장**
① 계획을 세워 스스로 장보기를 실천하고 평가하며 자신감과 성취감을 느낄 수 있어요.
② 이동부터 분리배출까지 소비의 모든 과정에서 지구를 지키기 위해 노력하며 자연을 사랑하는 마음을 키울 수 있어요.

계획을 세워요

대중 교통을 이용했어요

계획한 시금치를 구매했어요

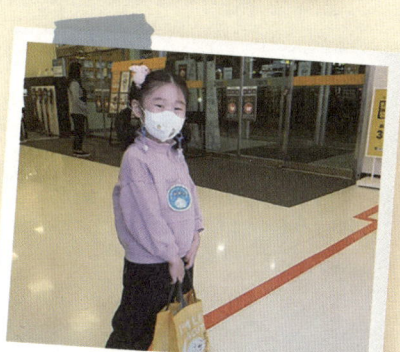
장바구니를 사용했어요

남기지 않고 다 먹었어요

분리배출까지 미션 성공!

그림책 <들어 봐! 들리니?>

\# 주변에서 들리는 소리를 그림으로 표현한 그림책이에요.

\# 그림을 보고 들리는 소리를 상상하고,
소리를 듣고 어디서 들리는지 상상할 수 있어요.

✌ 책 표지 탐색하기

❶ 그림책 제목을 같이 읽어 볼까요?
❷ 어떤 소리를 들으라고 하는 것 같나요?
❸ 왜 들리냐고 물어보는 걸까요?
❹ 그림에서 어떤 것이 보이나요?
❺ 이 책의 이야기는 앤 랜드 작가님이 지으셨고, 그림은 폴 랜드 작가님이 그리셨어요.
❻ 작가의 이름이 앤 랜드와 폴 랜드네요. 어떤 사이일까요?
❼ 결혼하면 여자가 남자의 성으로 바꾸는 나라들이 있어요. 이야기를 만든 앤 랜드 작가님이 여자, 그림을 그린 폴 랜드 작가님이 남자예요.
❽ 이상교 작가님이 우리말로 옮겨 주셨고, 책은 책속물고기에서 만들었어요.
❾ (판권을 보며) 〈들어 봐! 들리니?〉는 2017년 11월 5일에 처음 태어났는데, 우리가 보는 이 책은 2021년 4월 6일에 4번째로 더 만들어진 책이에요.

✌ 책 내용 탐색하기

❶ (1번째 장을 읽기 전) 그림에서 어떤 것들이 보이나요? 어떤 소리가 들릴 것 같나요?
❷ 이 그림의 소리는 '퐁당'이에요. 언제 들을 수 있는 소리일까요?
❸ 빗방울 말고 또 어디서 들을 수 있을까요?
❹ (2번째 장을 읽기 전) 그림에서 어떤 것들이 보이나요?
❺ 새의 표정은 어떤 것 같나요? 어떤 소리가 들릴 것 같나요?
❻ 이 그림의 소리는 '따악'이에요. 언제 들을 수 있는 소리일까요?
❼ (장을 넘기기 전에) 다음에는 어떤 소리가 들릴 수 있을까요?
❽ (3번째 장을 읽기 전) 어떤 소리가 어울릴 것 같나요?

• 주변의 소리를 들어 봐! 들리니? •

🎈 **놀이 도구** 활동지, 연필, 채색 도구

🎈 **놀이 방법**
1. 우리 교실에서 들을 수 있는 소리에 대해 이야기 나눈다.
2. 우리 집에서 들을 수 있는 소리에 대해 이야기 나눈다.
3. 우리 주변에서 들을 수 있는 또 다른 소리에 대해 이야기 나눈다.
4. 내가 가장 좋아하는 소리를 떠올려 보고, 좋아하는 이유를 이야기 나눈다.
5. 내가 좋아하는 소리를 그림으로 표현한다.
6. 자유롭게 내가 그린 그림을 친구들에게 보여 준다.
7. 친구들의 그림을 보고 어떤 소리인지 맞힌다.
8. 내가 좋아하는 소리의 종류와 소리를 표현한 말, 좋아하는 이유를 적는다.

💡 **놀이 TIP**
1. 그림책을 감상한 후 하루 동안 주변의 소리를 충분히 들을 시간을 갖는 것도 좋아요.
2. 다양한 색을 활용해 좋아하는 소리가 들리는 상황을 표현해도 좋고, 그림책처럼 적은 색을 활용하거나 종이를 오려 붙여서 표현해도 좋아요. 상황에 따라 아이들이 자유롭게 표현할 수 있도록 도와주세요.

🎈 **놀이 속 배움과 성장**
1. 자신이 좋아하는 상황에 어울리는 의성어를 떠올리며 어휘력을 기를 수 있어요.
2. 친구의 그림을 보고 소리와 상황을 맞히며 상상력을 기를 수 있어요.

친구의 그림을 보고
어떤 소리인지 맞혀요

내가 그린 그림을
친구에게 소개해요

나는 빗소리를 좋아해요

나는 눈 밟는 소리를 좋아해요

그림책 <블록 친구>

블록 친구가 여러 모양의 블록을 활용해 문제를 해결하며 하늘색 집을 찾아가는 이야기예요.

만약 내가 블록 친구라면 어떻게 했을까에 대해 이야기 나눌 수 있어요.

✌ 책 표지 탐색하기

❶ (제목을 가리고) 그림에서 어떤 것이 보이나요? 무엇으로 만들어진 것 같나요?

❷ 이 그림책의 제목은 〈○○ ○○〉예요. 제목이 무엇일까요?

❸ 누가 블록 친구일까요? 블록 친구 뒤에 있는 것은 무엇으로 보이나요?

❹ 블록 친구가 어디를 가는 것일까요?

❺ (뒤표지를 보며) 블록 친구가 무엇을 하고 있나요?

❻ 이 책은 이시카와 코지 작가님이 이야기를 지으셨고, 김정화 번역가님이 우리말로 옮겨 주셨어요. 책은 키다리에서 만들었어요.

❼ (판권을 보며) 〈블록 친구〉는 2010년 4월 30일에 처음 태어났는데, 우리가 보는 이 책은 2021년 3월 5일에 7번째로 더 만들어진 책이에요.

✌ 책 면지 탐색하기

❶ 어떤 것들이 많이 있나요? 이곳은 어디일까요?

✌ 책 내용 탐색하기

❶ (1번째 장을 읽은 후) 블록 친구가 나온 곳은 어디인가요?

❷ (2번째 장을 읽은 후) 블록 친구는 바다를 어떻게 건너갈 수 있을까요?

❸ (6번째 장을 읽은 후) 블록 친구가 고양이를 어떻게 할 것 같나요?

❹ (구해 준다면) 어떻게 구할 수 있을까요?

❺ (9번째 장을 읽은 후) 블록 계단이 다시 무엇으로 변했나요?

❻ (10째 장을 읽은 후) 블록 친구는 어디를 가는 걸까요?

❼ (12번째 장을 읽은 후) 블록 친구가 어디에 도착했나요? 하늘색 집에 왜 온 것 같나요? (창문 너머 생일 파티가 준비된 모습) 블록 친구는 무엇을 준비할까요?

❽ (13번째 장을 읽은 후) 어떤 모양 블록이 없어졌나요? 이 블록은 어디서 잃어버렸을까요? 앞부터 다시 보면서 찾아볼까요? (9번째 장의 수풀 사이에 떨어짐)

❾ (9번째 장의 블록을 찾은 후 다시 13번째 장으로 돌아와서) 블록 친구에게 어떤 일이 일어날까요?

• 고양이 구출 작전 •

🎈 **놀이 도구** 활동지, 연필, 채색 도구

🎈 **놀이 방법**
❶ 나무에서 못 내려오는 고양이를 보고 블록 친구가 어떻게 해결했는지 회상한다.
❷ 만약 내가 블록 친구라면 어떻게 고양이를 구해 줄 수 있을지 이야기 나눈다.
❸ 내가 생각한 방법을 그림으로 표현하고, 부분 그림에 이어지는 배경을 그린다.
❹ '나는 블록으로 (   ) 만들어서 고양이를 구할 거예요' 의 빈칸을 채워 넣는다.
❺ 자유롭게 내가 고양이를 구하는 방법을 친구들에게 소개한다.

> 💡 **놀이 TIP**
> ❶ 그림책을 끝까지 감상하기 전 어떻게 해결할 수 있을지 상상하고 그림으로 표현해도 좋아요.
> ❷ 상황에 따라 '을'과 '를'을 구분해 빈칸을 채우는 방법을 소개해도 좋아요.
>   (1) '계단을 만들어요'와 '계단를 만들어요'를 적고 어떤 것이 더 어울리는지 이야기 나눈다.
>   (2) '상자을 만들어요'와 '상자를 만들어요'를 적고 어떤 것이 더 어울리는지 이야기 나눈다.
>   (3) 계단과 상자를 나란히 적고 마지막 글자의 서로 다른 점을 찾아본다.
>   (4) 마지막 글자에 받침이 있으면 O(동그라미)가 있는 '을'이 들어간다고 소개한다.
>   (5) 같은 의미로 내 이름 마지막 글자에 받침이 있다면 O(동그라미)가 있는 '이가', 없다면 '가'를 적는다.

🎈 **놀이 속 배움과 성장**
❶ 부분 그림을 연결해 그리며 상상력과 표현력을 기를 수 있어요.
❷ 문제를 해결하기 위해 탐구하고 친구들의 다른 방법을 듣고 생각의 폭을 넓힐 수 있어요.

블록으로 에스컬레이터를
만들 거예요

블록으로 트램펄린을
만들 거예요

블록으로 점프 기계를
만들 거예요

블록으로 사다리를
만들 거예요

블록으로 거인을
만들 거예요

블록으로 에어바운스를
만들 거예요

그림책 〈시골쥐와 감자튀김〉

\# 시골쥐가 서울에 가서 인스턴트 음식을 먹고 생기는 일에 대한 이야기예요.

\# 가공식품을 먹고 건강이 나빠지는 생쥐와 고양이를 통해 자연식품의 소중함을 느낄 수 있어요.

✌ 책 표지 탐색하기

① 제목을 같이 읽어 볼까요? 어떤 쥐가 시골쥐일까요?

② 그럼 다른 쥐는 어떤 쥐일까요?

③ 감자튀김과 같이 있는 건물들은 어디에 있는 걸까요?

④ (뒤표지를 보며) 감자를 안고 있는 쥐는 누구일까요?

⑤ 시골쥐는 어쩌다가 감자튀김을 먹게 되는 걸까요?

⑥ 서울쥐는 표정이 어떤가요? 기분이 어떤 것 같나요?

⑦ 이 책은 고서원 작가님이 이야기를 지으셨고, 웅진주니어에서 만들었어요.

⑧ (판권을 보며) 〈시골쥐와 감자튀김〉은 2012년 2월 20일에 처음 태어났는데, 우리가 보는 이 책은 2020년 9월 29일에 14번째로 더 만들어진 책이에요.

✌ 책 면지 탐색하기

① 아래쪽에 어떤 것들이 보이나요?

② 이 네모들은 무엇을 표현한 걸까요?

③ (속표지를 보며) 액자의 사진 속 시골쥐와 서울쥐의 사이가 어때 보이나요?

✌ 책 내용 탐색하기

① (1번째 장을 보며) 시골쥐는 어떤 채소들을 키우고 있나요?

② (3번째 장을 읽은 후) 서울쥐는 무엇을 먹고 지낼까요?

③ (4번째 장을 읽은 후) 서울에 가면 어떤 맛있는 음식이 있을까요?

④ (9번째 장을 읽은 후) 시골쥐는 왜 속이 좋지 않을까요?

⑤ (11번째 장을 읽은 후) 시골쥐가 왜 이렇게 변하는 걸까요?

• 서울쥐야, 이 음식 먹어 볼래? •

🎈 **놀이 도구** 활동지, 연필, 채색 도구

🎈 **놀이 방법**
① 서울쥐가 처음 시골에 가서 먹은 찐 감자를 싫어한 이유에 대해 이야기 나눈다.
② 서울쥐가 평소에 서울에서 먹는 음식에 대해 이야기 나누고 시골쥐가 시골로 돌아간 이유를 생각해 본다.
③ 서울쥐가 맛있게 먹을 수 있는 건강한 음식에 대한 생각을 나눈다.
④ 서울쥐에게 추천하는 건강 음식을 그림으로 표현하고 음식의 재료와 이름, 좋은 점을 적는다.
⑤ 아이들이 쥐로 변신해서, 자유롭게 내가 추천하는 건강 음식을 친구 쥐에게 소개한다.

💡 **놀이 TIP**
① 건강한 음식에 대해 이야기 나누며 제철 음식에 대해 알아봐도 좋아요.
② 가정 연계 활동으로 '건강 음식 도전하기'를 하고 내가 도전한 우리 집의 건강 음식을 소개해도 좋아요.

🎈 **놀이 속 배움과 성장**
① 몸에 좋은 건강한 음식에 관심을 가지고 올바른 식습관 형성에 도움을 줄 수 있어요.
② 서울쥐의 건강을 위해 음식을 소개하는 상황에 맞는 표현을 하며 이해력을 기를 수 있어요.

친구들에게
내가 만든 음식을 소개해요

선생님에게
내가 만든 음식을 소개해요

배추로 만든 배춧국을 먹으면
건강해질 거야!

브로콜리로 만든 브로콜리 죽을 먹으면
힘이 불끈불끈 날 거야!

4장 / 한글이랑 이야기해요!

그림책 〈우산 대신 ○○〉

비가 오는데 우산이 없을 때, 속상해하지 않고 즐겁게 상상하며 빗속으로 뛰어드는 이야기가 나와요.

긍정의 힘, 생각의 전환에 대해 이야기 나눌 수 있어요.

✌️ 책 표지 탐색하기

① (제목의 OO을 가리고) 가려지지 않은 제목을 같이 읽어 볼까요?
② 그림 속 날씨는 어떤 날씨인가요? 그림 속 친구는 무엇을 쓰고 있나요?
③ 왜 안전 고깔을 쓰고 있을까요?
④ 이 그림책의 제목은 무엇일까요? (그림책 제목을 공개하고) 이 그림책의 제목은 〈우산 대신 OO〉이에요. 이 빈칸에 어떤 것이 들어갈 수 있을까요?
⑤ 이 책은 이지미 작가님이 이야기를 지으셨고, 올리에서 만들었어요.
⑥ (판권을 보며) 〈우산 대신 OO〉은 2022년 6월 27일에 태어났어요. 그럼 지금 몇 살일까요?

✌️ 책 면지 탐색하기

① 줄에 어떤 것들이 있나요? 이건 무슨 그림일까요?

✌️ 책 내용 탐색하기

① (6번째 장을 읽은 후) 안전 고깔은 어디에서 발견한 것일까요?
② (7번째 장을 읽은 후) 여러분이라면 어떻게 할 것 같나요?
③ (9번째 장을 본 후) 주인공이 어디로 들어가고 있나요? 어떻게 할 것 같나요?
④ (마지막 장을 읽은 후) 주인공은 왜 우산이 없어도 괜찮은 하루였다고 생각하는 걸까요?
⑤ (앞표지를 보며) 그림책 제목에 OO을 채운다면 어떻게 지을 수 있을까요?

• 우산이 없어도 괜찮은 하루였어! •

🎈 **놀이 도구** 활동지, 연필, 채색 도구

🎈 **놀이 방법**
❶ 그림책 장면을 넘기며 주인공이 우산 대신 무엇을 발견하는지 회상한다.
❷ 만약 비가 오는데 나에게 우산이 없다면 무엇을 발견할 수 있을지 이야기 나눈다.
❸ 주인공이 비가 오는 대신 어디에 왔다고 생각하는지 회상한다.
❹ 만약 나라면 어디에 왔다고 생각할 수 있을지 이야기 나눈다.
❺ 우산이 없어도 괜찮은 하루를 그림으로 표현하고, '우산이 없어도 괜찮은 하루였어! 왜냐하면' 뒤에 내 그림을 글로 표현한다.
❻ 자유롭게 내가 그린 그림을 친구들에게 소개한다.

> 💡 **놀이 TIP**
> ❶ 우산을 대체할 수 있는 물건을 찾은 모습을 상상해도 좋고, 비가 오는 곳이 아닌 다른 장소에 온 것으로 상상해도 좋아요. 아이들이 자유롭게 표현할 수 있도록 격려해 주세요.
> ❷ 여름 물놀이를 할 때 우산을 대체하는 물건을 찾아 물을 피하는 놀이를 해도 좋아요.

🎈 **놀이 속 배움과 성장**
❶ 우산이 없는 상황을 해결하는 방법을 생각해 표현하며 상상력과 표현력을 기를 수 있어요.
❷ 친구들과 다양한 생각을 나누며 긍정적인 마음가짐을 가질 수 있어요.

우산 대신
가방을 써서 괜찮아!

우산 대신
바구니를 쓰니까 괜찮아!

수영장에 있다고
생각하니까 괜찮아!

겉옷에 달린 모자를 쓰니까
괜찮아!

수영 학원에 있다고
생각하니까 괜찮아!

계곡이라고 생각하니까
괜찮아!

그림책 〈야호, 비 온다!〉

\# 비 오는 날을 보내는 모습을 그림으로만 표현한 글 없는 그림책이에요.

\# 그림을 자세히 관찰하며 비 오는 날의 특징을 발견할 수 있어요.

✌ 책 표지 탐색하기

① (제목의 '야호'를 가리고) 그림 속 날씨가 어떤가요? 어디인 것 같나요?
② 그림 속 아이들의 표정이 어떤가요? 기분이 어떤 것 같나요?
③ 이 그림책의 제목은 〈○○, 비 온다!〉예요. ○○에 어떤 말이 들어갈까요?
④ ○○에는 신나면 하는 말이 들어가요.
⑤ 책의 제목이 왜 〈야호, 비 온다!〉일까요?
⑥ 강아지의 몸에서 특별한 점을 찾아볼까요? (우산을 쓰지 않은 부분은 털이 몸에 달라붙음)
⑦ 이 책은 피터 스피어 작가님이 지으셨고, 비룡소에서 만들었어요.
⑧ 작가님은 우리나라 사람일까요? 다른 나라 작가님의 그림책인데 왜 우리말로 옮겨 주신 작가님이 없을까요?
⑨ 이 책은 글이 없는 그림책이라서 그림만 보고 우리가 상상할 수 있는 그림책이에요.
⑩ (판권을 보며) 〈야호, 비 온다!〉는 2011년 6월 30일에 처음 태어났는데, 우리가 보는 이 책은 2021년 11월 30일에 22번째로 더 만들어진 책이에요.

✌ 책 면지 탐색하기

① 아이들이 재미있게 놀이하고 있네요. 둘은 어떤 사이일까요?
② 햇빛이 쨍쨍한데 언제 비가 오는 걸까요? (오른쪽 위 먹구름이 다가오고 있음)
③ 비가 오고 있네요. 두 아이는 이제 어떻게 할까요?
④ 누가 아이들을 불렀나요?

✌ 책 내용 탐색하기

① (그림을 한 장면씩 가리키며) 아이들이 어떻게 놀이하고 있나요?
② 동물들이 비를 피해 어디로 숨었나요? 아이들은 어디에 숨었나요?
③ (놀라게 해서 넘어지는 장면을 보며) 누나가 동생한테 어떻게 했나요?
④ (웅덩이에 반사되는 장면을 보며) 신발 바닥이 어떻게 보이는 걸까요?
⑤ (쓰레기통이 점점 더러워지는 장면을 보며) 쓰레기통이 왜 이렇게 지저분해지는 걸까요?

비 대신 눈이 온다면?

🎈 **놀이 도구** 활동지, 연필, 채색 도구

🎈 **놀이 방법**
① 그림책 장면을 넘기며 비가 와서 주인공들이 하는 놀이를 회상한다.
② 눈이 오면 할 수 있는 놀이를 함께 이야기 나눈다.
③ 우리 반의 눈놀이 그림책 제목을 함께 정한다.
④ 이야기 나눈 눈놀이 중 내가 표현하고 싶은 놀이를 선택하고, 1~4컷 중 원하는 컷 수를 선택해 그림을 그린다.
⑤ 그림책의 가격을 함께 정하고, 앞표지와 뒤표지를 역할을 나눠 만든다.
⑥ 아이들의 그림을 모아 완성한 그림책을 함께 감상한다.

> 💡 **놀이 TIP**
> ① 여러 컷을 선택한 아이는 컷마다 시간의 흐름이 느껴지는 그림을 그릴 수 있도록 지도해 주세요.
> ② 그림책과 같이 글 없는 그림책으로 표현하고, 책 마지막 장에는 장면별 해설을 적어 주면 좋아요.

🎈 **놀이 속 배움과 성장**
① 글이 없어도 이해할 수 있는 그림책을 만들며 표현력을 기를 수 있어요.
② 눈이 내리는 날씨의 우리 생활을 그림으로 표현하며 자연과 더불어 살아가는 태도를 가질 수 있어요.

우리가 만든 책 앞표지

눈으로 얼굴 만들기

이글루 만들기

눈썰매 타기

눈 위에 눕기

우리가 만든 책 뒤표지

그림책 〈여덟 살 오지 마!〉

\# 여덟 살을 앞두고 생긴 고민과 두려움을 이겨 내는 이야기예요.

\# 여덟 살이 되기 전 나의 고민을 친구들과 함께 나누며 이겨 낼 수 있어요.

✌ 책 표지 탐색하기

① (제목을 가리고) 그림에서 무엇이 보이나요? 아이가 무엇을 하고 있나요?

② 아이의 기분이 어떤 것 같나요?

③ (제목의 '오지 마!' 만 가리고) 이 그림책의 제목은 〈여덟 살 ㅇㅇ ㅇ!〉예요. ㅇㅇ ㅇ에 어떤 말이 들어갈까요?

④ 제목을 같이 읽어 볼까요? 제목에서 어떤 것이 특별한가요?

⑤ 왜 '여덟 살 오지 마!' 라고 하는 걸까요?

⑥ 이 책은 재희 작가님이 이야기를 지으셨고, 노란돼지에서 만들었어요.

⑦ (판권을 보며) 〈여덟 살 오지 마!〉는 2020년 2월 7일에 태어났어요. 그럼 지금 몇 살일까요?

✌ 책 면지 탐색하기

① 어떤 것이 보이나요?

② 파란색 동그라미에서 어떤 소리가 났나요?

③ '똑' 은 무슨 소리일까요?

④ (속표지를 보며) 이번에는 어떤 색 동그라미가 있나요?

⑤ 하늘색 동그라미의 '똑딱' 은 무슨 소리일까요?

✌ 책 내용 탐색하기

① (1번째 장을 읽은 후) 동그라미가 다가오니까 무슨 일이 일어났나요?

② (2번째 장을 읽은 후) 똑딱 동그라미가 다가오니 내가 태어났네요.

③ (3번째 장을 읽은 후) 똑딱 똑딱 동그라미가 다가오면서 내가 점점 어떻게 되고 있나요?

④ (4번째 장을 읽은 후) 세발자전거가 생긴 날 왜 집에 가기 싫었을까요?

⑤ (5번째 장을 읽은 후) 자라면서 내가 어떻게 되고 있나요?

⑥ (6번째 장을 읽은 후) 주인공은 어떤 생각이 많을까요?

⑦ 여덟 살에 대해 어떤 생각을 할 것 같나요?

• 똑딱! 여덟 살이 되면 •

🎈 **놀이 도구** 활동지, 연필, 채색 도구

🎈 **놀이 방법**
① 그림책 속에서 주인공에게 어떤 똑딱이들이 찾아오는지 회상한다.
② 내가 여덟 살이 되면 어떤 똑딱이가 찾아오면 좋을지 이야기 나눈다.
③ 생각한 똑딱이가 찾아오길 바라는 이유에 대해 이야기 나눈다.
④ 여덟 살이 되면 나에게 찾아올 똑딱이를 그리고 원하는 이유를 적는다.
⑤ 자유롭게 내가 바라는 똑딱이를 친구들에게 소개한다.
⑥ 친구들이 원하는 똑딱이를 듣고 응원의 말을 선물한다.

💡 **놀이 TIP**
① 여덟 살이 되면 하고 싶은 것이나 갖고 싶은 것을 떠올릴 수 있도록 도와주세요.
② 그림책 속의 '똑딱!' 소리에 대해 이야기 나누고 시계 보는 법을 소개해도 좋아요.

🎈 **놀이 속 배움과 성장**
① 여덟 살이 되어 생길 긍정적인 변화를 생각하며 앞으로 다가올 미래를 기대하는 마음이 생길 수 있어요.
② 친구가 바라는 것을 듣고 응원하며 바람직한 관계를 형성할 수 있어요.

내가 생각한 똑딱이를
친구에게 소개해요

친구에게 응원의 말을 선물해요

내가 태어난 시간을 표시해요

운동을 잘하는 똑딱이가
찾아올 것 같아요

• 여덟 살 D-day 달력(일력) •

🎈 **놀이 도구** 달력 만들기 도안, 연필, 채색 도구, 카드링, 펀치

🎈 **놀이 방법**
① 그림책 속 주인공의 마음 변화를 회상하며 나는 어떤 마음인지 이야기 나눈다.
② 달력을 보며 오늘의 날짜를 찾아보고, 우리는 언제 여덟 살이 될 수 있는지 이야기 나눈다.
③ 디데이의 의미를 소개하고 디데이 계산기를 활용해 여덟 살까지 며칠이 남았는지 알아본다.
④ 달력 지지대 도안에 달력의 이름과 1월 1일을 기념하는 말을 적고 꾸민다.
⑤ 날짜 도안을 채색 도구를 이용해 자유롭게 꾸민다.
⑥ 아이들이 완성한 도안으로 달력을 완성한다.
⑦ 매일 아침 종이 한 장을 넘겨 여덟 살 디데이를 확인한다.

💡 **놀이 TIP**
① 아이들에게 익숙한 달력으로 표현했지만, 일력의 의미를 함께 소개하면 좋아요.
② 날짜가 많을수록 아이들이 색칠하기 힘들 수 있으므로 적절한 시기에 활동하는 것이 좋아요.

🎈 **놀이 속 배움과 성장**
① 시간이 흘러 여덟 살이 다가오는 것을 직관적으로 알 수 있어요.
② 달력에서 오늘의 날짜를 찾고 디데이를 알아보며 생활 속 수 활용에 관심 가질 수 있어요.

내가 가장 기대하는 날이에요!

여덟 살이 되면
키가 많이 컸으면 좋겠어요

크리스마스가 기다려져요!

여덟 살 D-day 달력 완성!

그림책 <고릴라와 너구리>

\# 자음으로 시작하는 짧은 이야기가 나와요.

\# 고릴라와 너구리의 사랑 이야기예요.

✌️ 책 표지 탐색하기

❶ (제목을 가리고) 그림에 있는 동물은 누구일까요?

❷ 두 동물의 사이가 어떤 것 같나요?

❸ (제목을 공개하며) 제목을 같이 읽어 볼까요?

❹ 고릴라와 너구리는 왜 이렇게 있는 걸까요?

❺ 고릴라와 너구리의 성별은 무엇일까요?

❻ 이 책의 이야기는 이루리 작가님이 지으셨고, 그림은 유자 작가님이 그리셨어요. 책은 북극곰에서 만들었어요.

❼ (판권을 보며) 〈고릴라와 너구리〉는 2022년 4월 10일에 태어났어요. 그럼 지금 몇 살일까요?

✌️ 책 내용 탐색하기

❶ (1번째 장을 읽은 후) 누가 누구에게 말하고 있는 걸까요?

❷ 세 그림 중 누가 고릴라일까요? 오리는 표정이 왜 그런 걸까요?

❸ (2번째 장을 읽은 후) 오리의 표정이 왜 달라졌을까요?

❹ 누가 너구리일까요? 어떻게 알았나요?

❺ 병아리의 마음은 어떤 마음일까요? 표정을 따라 해 볼까요?

❻ (장을 넘기기 전에) 다음에는 어떤 자음이 나올까요? 어떤 이야기가 나올까요?

❼ (7번째 장을 읽은 후) 숨어 있는 눈은 누구의 눈일까요?

• ㄱㄴㄷ 자음 이야기 만들기 •

🎈 **놀이 도구** 뽑기 상자, 자음 모양 자석, 칠판, 보드 마커, 활동지, 연필

🎈 **놀이 방법**
① 뽑기 상자에서 자음 모양 자석을 한 개 뽑는다.
② 그림책처럼 뽑은 자음으로 시작하는 이야기를 떠올린다.
③ 뽑기 상자에서 뽑은 자음 모양 자석을 칠판에 붙이고, 다음 자음을 자석 아래에 적는다. (예) 'ㅅ' 자석을 뽑았다면 아래에 'ㅇ'을 적는다.
④ 각 자음으로 시작하는 말을 이어 하나의 이야기를 만든다.
⑤ 활동지에 적힌 'ㄱ~ㅎ' 중 내가 원하는 자음 2~3개를 나란히 선택한다.
⑥ 내가 선택한 자음을 세로로 적고, 삼행시처럼 이야기를 만든다.
⑦ 자유롭게 내가 만든 자음 이야기를 친구들에게 소개한다.

> 💡 **놀이 TIP**
> ① 각 자음으로 시작하는 낱말을 떠올리고 그와 관련된 이야기를 떠올릴 수 있도록 도와주세요. (304쪽 삼행시 수업 참고)
> ② 이야기가 꼭 연결되지 않아도 아이들이 즐겁게 상상할 수 있도록 격려해 주세요.

🎈 **놀이 속 배움과 성장**
① 상자에서 뽑은 자음 모양 자석의 다음 자음을 떠올리며 한글 자음 순서에 관심을 가질 수 있어요.
② 자음으로 시작하는 이야기를 만들기 위해 다양한 낱말을 떠올리며 어휘력을 기를 수 있어요.

1. 원하는 자음을 선택해 자음 이야기를 만들어 보세요.

ㄱㄴㄷㄹㅁㅂⓢⓞⓩㅊㅋㅌㅍㅎ
ㅅ 선생님
ㅇ 오늘 정말로
ㅈ 재미있었요

ㅅㅇㅈ으로 이야기를 만들었어요

1. 원하는 자음을 선택해 자음 이야기를 만들어 보세요.

ㄱㄴㄷㄹㅁㅂⓢⓞㅈㅊㅋㅌㅍㅎ
ㅅ 선생님
ㅇ 오늘 뭐 할거에요? 그리고
ㅈ 지금은 뭐 할거에요?

ㅅㅇㅈ으로 이야기를 만들었어요

1. 원하는 자음을 선택해 자음 이야기를 만들어 보세요.

ㄱㄴㄷㄹㅁⓑⓢⓞㅈㅊㅋㅌㅍㅎ
ㅂ 바나나 정말 맛있겠다
ㅅ 사이좋게 나눠 먹자
ㅇ 음 그거 좋겠다 그래야 불공평하지 않잖아

ㅂㅅㅇ으로 이야기를 만들었어요

1. 원하는 자음을 선택해 자음 이야기를 만들어 보세요.

ⓖⓝㄷㄹㅁㅂㅅㅇㅈㅊㅋㅌㅍㅎ
ㄱ 가족이랑 같이
ㄴ 나비를 잡으러 갔다

ㄱㄴ으로 이야기를 만들었어요

4장 / 한글이랑 이야기해요!

그림책 <기차 ㄱㄴㄷ>

\# 'ㄱ~ㅎ'으로 시작하는 짧은 이야기와 음식이 나와요.

\# 자음 순서에 따라 이야기가 이어져요.

✌ 책 표지 탐색하기

① (그림책을 보기 전에) 이 책의 제목은 〈○○ ㄱㄴㄷ〉인데, ○○가 무엇인지 맞혀 보세요.

② ○○는 길고, 빠르고, 우리가 탈 수 있고, 칙칙폭폭 소리가 나요. 이것은 무엇일까요?

③ 책 제목은 〈기차 ㄱㄴㄷ〉이에요. 그럼 그림책 표지에 어떤 그림이 있을 것 같나요? (눈을 감고 상상하기)

④ (앞표지를 보며) 내가 생각했던 그림과 비슷하나요? 그림에 있는 기차는 달려오는 걸까요, 달려가는 걸까요?

⑤ 책에서 어떤 이야기가 나올까요? 기차에 무엇이 타고 있을까요?

⑥ (뒤표지를 보며) 기차에 무엇이 가득 담겨 있나요?

⑦ 이 책은 박은영 작가님이 이야기를 지으셨고, 비룡소에서 만들었어요.

⑧ (판권을 보며) 〈기차 ㄱㄴㄷ〉은 2007년 1월 19일에 처음 태어났는데, 우리가 보는 이 책은 2020년 11월 6일에 27번째로 더 만들어진 책이에요.

✌ 책 내용 탐색하기

① (각 자음을 강조하며 읽기) 기차의 창문을 왜 닫았을까요?

② 창문을 닫고 어디를 지나갈까요? (다음 자음 'ㅌ'과 연결 지어 생각하기)

③ 이야기에서 특별한 점이 있었나요? 기다란 기차가 어디를 지나왔나요?

④ 기차에 어떤 무늬가 있었나요? ('ㅊ' 장에서 확인하기)

⑤ 이 기차는 별과 달을 가득 싣고 어디를 가는 걸까요?

• 기차 타고 여행을 떠난다면 •

🎈 **놀이 도구** 기차 여행 영상 또는 사진, 도화지, 연필, 채색 도구

🎈 **놀이 방법**
① 그림책 장면을 넘기며 이야기 속의 기차는 어떤 것들을 지나갔는지 회상한다.
② 그림책 속의 기차는 어디를 가는 것일지 상상한다.
③ 만약 내가 기차를 타고 여행을 떠난다면 어디에 가고 싶은지 이야기 나눈다.
④ 기차 여행 영상을 보며 기차 여행을 할 때 창밖으로 어떤 풍경이 보이면 좋을지 이야기 나눈다.
⑤ 창밖의 멋진 풍경을 누구와 함께 보고 싶은지 이야기 나눈다.
⑥ 기차를 타고 여행을 떠나는 모습을 상상해 그리고, 누구와 함께 어디에 갈 것인지 적는다.
⑦ 자유롭게 내가 그린 그림을 친구들에게 소개한다.

💡 **놀이 TIP**
① 창밖의 풍경이 보이는 기차 안의 모습을 그려도 좋고, 여행지에 도착한 모습을 그려도 좋아요. 아이들이 자유롭게 표현할 수 있도록 격려해 주세요.
② 국내외 다양한 장소의 기차 여행 영상이나 사진을 보여 주면 아이들이 더욱 쉽게 상상할 수 있어요.

🎈 **놀이 속 배움과 성장**
① 내가 가고 싶은 여행지를 상상하며 우리나라와 세계 여러 나라에 관심을 가져요.
② 여행하는 모습을 글과 그림으로 표현하며 상상력을 기를 수 있어요.

스위스가 너무 멋있어서
눈이 반짝이는 거예요

선생님, 친구들과
다 같이 여행갈래요

무지개 기차를 타고
스위스에 가고 싶어요

멋진 스위스 풍경을 볼 수 있는
기차를 타고 싶어요

• 낱말 이어 문장 만들기 •

🎈 놀이 도구
도화지, 연필, 채색 도구

🎈 놀이 방법
❶ 자음을 하나 선택해 그 자음이 들어가는 낱말을 떠올려 적는다.
　　(예) ㄷ : 다람쥐, 도토리, 도미노, 당근, 두부
❷ 떠올린 낱말을 기차처럼 연결해 이야기를 짓는다.
　　(예) 다람쥐가 도토리를 먹고 도미노 놀이를 하다 배가 고파서 당근과 두부를 먹었다.
❸ 팀을 나눠 팀 친구들과 회의를 통해 자음을 정한다.
❹ 정해진 자음이 들어가는 낱말들을 떠올려 이야기를 짓는다.
❺ 도화지에 우리 팀의 이야기를 적고, 이야기와 어울리는 그림을 그려 꾸민다.
❻ 우리 팀이 만든 이야기를 다른 팀 친구들에게 소개한다.

> 💡 **놀이 TIP**
> ❶ 떠올린 모든 낱말을 문장으로 연결하지 않아도 좋아요. 상황에 따라 사용하는 낱말의 수를 조절해 주세요.
> ❷ 함께 떠올린 낱말로 이야기를 만들며 아이들이 창의적으로 상상할 수 있도록 도와주세요.

🎈 놀이 속 배움과 성장
❶ 정해진 자음이 들어가는 여러 낱말을 떠올리고 문장으로 연결해 이야기를 지으며 어휘력과 상상력을 기를 수 있어요.
❷ 함께 지은 이야기를 협동 그림으로 표현하며 친구들의 예술 표현을 존중하는 태도를 기를 수 있어요.

겨울팀의 이야기 만들기

이야기를 배경 그림으로 표현해요

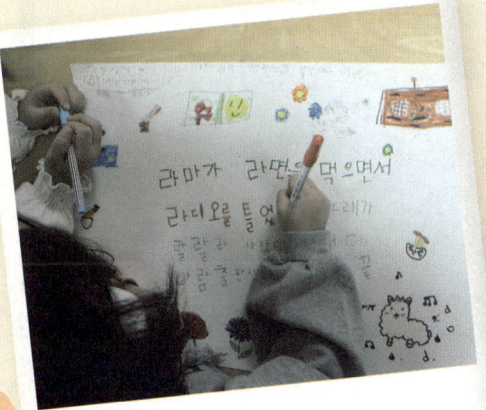
눈꽃팀의 이야기 만들기

이야기와 어울리는 그림으로 주변을 꾸며요

4장 / 한글이랑 이야기해요!

그림책 <뭐든지 나라의 가나다>

'가~하'로 시작하는 낱말들이 이어져요.

실제로 일어날 수 없는 일들이 상상하는 대로 이루어져요.

✌ 책 표지 탐색하기

❶ 제목을 같이 읽어 볼까요? 뭐든지 나라는 어떤 나라일까요?

❷ 그림에서 어떤 것들이 보이나요? 이 이야기의 주인공은 누구일까요?

❸ (뒤표지를 보며) 이곳은 어디일까요? 어떤 것들이 보이나요?

❹ 그려진 것들이 진짜 있는 것인가요? 어떤 이야기가 나올까요?

❺ 이 책은 박지윤 작가님이 이야기를 지으셨고, 보림에서 만들었어요.

❻ (판권을 보며) 〈뭐든지 나라의 가나다〉는 2020년 12월 7일에 처음 태어났는데, 우리가 보는 이 책은 2021년 6월 14일에 3번째로 더 만들어진 책이에요.

✌ 책 면지 탐색하기

❶ 주인공은 어디를 가는 걸까요? 손에 들고 있는 것은 무엇일까요?

❷ (속표지를 보며) 이곳은 어디일까요?

❸ (장을 넘기기 전에) 이야기가 어떻게 시작될 것 같나요?

✌ 책 내용 탐색하기

❶ (1번째 장을 읽은 후) 여러 종류의 가방들이 있네요. 어떤 가방을 살까요?

❷ (장을 넘기기 전) 다음 글자는 무엇일까요? '나'로 어떤 이야기가 나올까요?

❸ (2번째 장을 읽은 후) 늑대를 어떻게 산 걸까요? 주인 아저씨의 표정이 어떤가요? 왜 저런 표정을 하고 있을까요?

❹ (네모 칸에 적힌 '다'와 당근을 번갈아 가리키며) '다', 다리를 건너서 당근밭에 왔네요. (네모 칸의 색을 발견할 수 있도록 유도)

❺ (3번째 장을 읽은 후) 당근이 화가 많이 났네요. 주인공은 이제 어떻게 할 것 같나요?

❻ (4번째 장을 읽은 후) 라면을 어떻게 찾아왔나요? 라면을 먹는 주인공, 늑대, 당근 말고 또 무엇이 보이나요?

❼ 다음 글자는 무엇인가요? '마'로 어떤 이야기가 나올까요?

❽ (이야기가 끝난 후 마지막 면지를 보며) 늑대와 타조가 어떻게 변했나요?

• 우리 반의 통조림 가게 •

🎈 **놀이 도구** 통조림 도안, 휴지심, 연필, 채색 도구, 가위, 양면테이프

🎈 **놀이 방법**
① 그림책 속 투명 인간의 통조림 가게에 어떤 통조림이 있었는지 회상한다.
② 투명 인간의 통조림 가게에서 내가 사고 싶은 통조림을 이야기 나눈다.
③ 만약 우리 반의 통조림 가게를 연다면 어떤 통조림을 팔고 싶은지 이야기 나눈다.
④ 네 개의 크기 중 원하는 통조림 도안을 선택해 내가 팔고 싶은 통조림을 그린다.
⑤ 통조림 도안을 가위로 자르고 양면테이프를 이용해 휴지심에 붙인다.
⑥ 완성된 통조림을 진열하고 가게 놀이를 한다.

💡 **놀이 TIP**
❶ 실제로 있는 통조림을 표현해도 좋지만, 상상의 통조림을 표현할 수 있도록 격려해 주세요.
❷ 가게 놀이는 역할을 나눠 진행해도 좋고, 그림책처럼 투명 인간이 직원이라고 생각해도 좋아요.

🎈 **놀이 속 배움과 성장**
① 그림책의 내용처럼 재미있는 통조림을 상상하며 창의력을 기를 수 있어요.
② 가게 놀이를 통해 주인이나 손님 역할을 묘사하며 표현력을 기를 수 있어요.

통조림 가게 오픈 준비!

골라 보세요~

케이크 통조림 주세요!

통조림 팔아요~

• 우리 반 가나다 이야기 만들기 •

🎈 **놀이 도구** '가~하' 글자 카드, 칠판, 활동지, 연필, 채색 도구

🎈 **놀이 방법**
1. 그림책 장면을 넘기며 이야기의 특징에 대해 이야기 나눈다.
2. '가~하' 글자 카드를 순서에 맞게 정리해 붙인다.
3. 그림책 이야기처럼 우리 반의 가나다 이야기를 만들어 글자 카드 옆에 적는다.
4. 글과 그림을 나눠 역할을 정하고, 내가 맡은 부분을 글이나 그림으로 표현한다.
5. 이야기를 모아 책으로 만든다.

💡 **놀이 TIP**
1. 그림책처럼 뭐든지 상상할 수 있도록 격려해 주세요.
2. 그림책에서 '가~하' 글자가 두껍게 적혀 있던 것처럼 장면의 주제 글자를 강조해 표현할 수 있도록 격려해 주세요.

🎈 **놀이 속 배움과 성장**
1. 뭐든지 상상할 수 있는 이야기를 지으며 창의적 표현을 즐길 수 있어요.
2. 친구들과 함께 소통하여 하나의 이야기를 만들며 다른 의견을 존중하고 이해하는 태도를 기를 수 있어요.

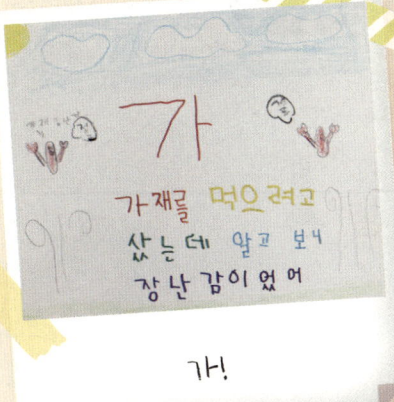
가!

가재를 먹으려고 샀는데
알고 보니 장난감이었어

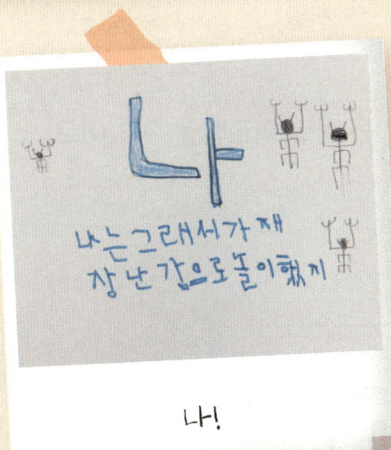
나!

나는 그래서 가재
장난감으로 놀이했지

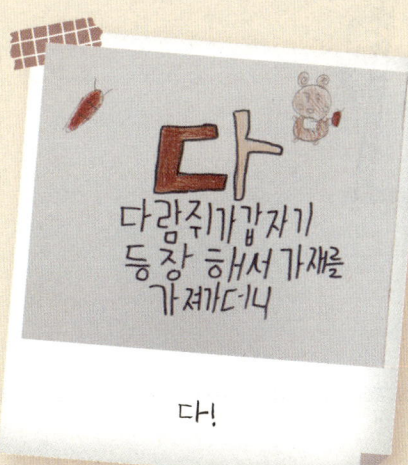
다!

다람쥐가 갑자기 등장해서
가재를 가져가더니

그림책 <고민 식당>

고민이 있는 사람에게 특별한 음식을 처방해 주는 이야기예요.

실제 아이들에게 있을 법한 고민을 듣고 위로받을 수 있어요.

✌️ 책 표지 탐색하기

1. 제목을 같이 읽어 볼까요? 메뉴에는 어떤 메뉴들이 있나요?
2. 고민 식당의 요리사는 누구일까요? 다른 사람들은 누구일까요?
3. 그림책 제목이 왜 〈고민 식당〉일까요?
4. (뒤표지를 보며) 여기 주의 사항이 있네요? 어떤 주의 사항일까요?
5. 왜 고민이 있는 사람만 주문할 수 있을까요?
6. (앞표지의 메뉴를 보며) '쭉쭉 늘어 달걀말이'는 어떤 고민을 가진 사람에게 주는 음식일까요?
7. '이가 딴딴 우유'는 어떤 고민을 가진 사람에게 주는 음식일까요?
8. 이 책은 이주희 작가님이 이야기를 지으셨고, 한림출판사에서 만들었어요.
9. (판권을 보며) 〈고민 식당〉은 2019년 9월 20일에 처음 태어났는데, 우리가 보는 이 책은 2021년 11월 18일에 3번째로 더 만들어진 책이에요.

✌️ 책 면지 탐색하기

1. 그림 속 사람들의 기분이 어떤 것 같나요? 무엇이 있는 것 같나요?
2. 첫 번째 친구는 어떤 고민이 있는 것 같나요?

✌️ 책 내용 탐색하기

1. (2번째 장을 읽은 후) 키가 작아서 어떤 문제가 생겼나요?
2. 고민 식당 주셰프가 어떤 음식을 처방해 줄 것 같나요?
3. (4번째 장을 읽은 후) 치과가 왜 이렇게 생겼을까요?
4. 여자 친구는 왜 이가 아플까요? 치과 가는 것을 왜 무서워할까요?
5. 어떻게 하면 치과 가는 것이 안 무서울까요?
6. (8번째 장을 읽은 후) 이 친구는 왜 유치원에 가기 싫을까요?
7. 새로운 유치원에 와서 낯설어하는 친구를 어떻게 도와줄 수 있을까요?
8. 고민 식당 주셰프는 어떤 음식을 처방해 줄 것 같나요?

• 전자책을 만들어요 •

🎈 **놀이 도구** 활동지, 연필, 채색 도구

🎈 **놀이 방법**
❶ 그림책 장면을 넘기며 아이들의 고민과 이를 해결할 수 있는 음식이 어떤 것들이 나왔는지 회상한다.
❷ 우리 반 친구들의 고민은 무엇이 있는지 이야기 나눈다.
❸ 이야기 나눈 고민을 어떤 음식으로 해결하면 좋을지 생각을 나눈다.
❹ 우리만의 그림책 제목과 이야기 흐름을 정한다.
❺ 글과 그림을 나눠 역할을 정하고, 내가 맡은 부분을 글이나 그림으로 표현한다.
❻ 활동지를 스캔해 전자책을 만든다.

💡 **놀이 TIP**
❶ 쿨스쿨의 도서 서비스 '쿨북스' 누리집을 통해 전자책을 발간할 수 있어요.
　(쿨북스 : https://coolbooks.coolschool.co.kr/)
❷ 우리들의 이야기를 만들고 확장 활동으로 동극을 해도 좋아요.

🎈 **놀이 속 배움과 성장**
❶ 친구들과 함께 협력해서 이야기를 만들며 상상력과 창의력을 기를 수 있어요.
❷ 나와 친구들의 작품을 모아 완성된 전자책 결과물을 감상하며 성취감을 느낄 수 있어요.

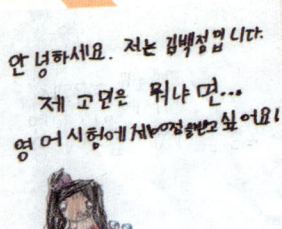

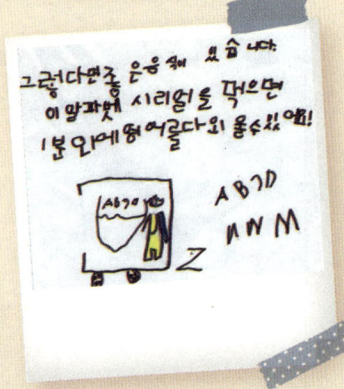

4장 / 한글이랑 이야기해요! 301

그림책 <후끈후끈 고추장 운동회>

비빔밥의 주인공이 되기 위해 운동회에 참가한 네 종류의 채소가 n행시로 등장해요.

비빔밥이라는 주제를 통해 화합에 대해 이야기 나눌 수 있어요.

✌️ 책 표지 탐색하기

① (제목의 '운동회'를 가리고) 그림에서 무엇이 보이나요? 채소들이 무엇을 하고 있나요?
② 그림책의 제목은 〈후끈후끈 고추장 ○○○〉예요. ○○○에 무엇이 들어갈까요?
③ 'ㅇ'으로 시작하는 낱말이고, 누가 이겼는지 대결을 하는 거예요. (앞부터 한 글자씩 공개)
④ 책 제목은 〈후끈후끈 고추장 운동회〉예요. 어떤 대결을 할 것 같나요? 선수들은 누구일까요?
⑤ 이 책은 오드 작가님이 이야기를 지으셨고, 다림에서 만들었어요.
⑥ (판권을 보며) 〈후끈후끈 고추장 운동회〉는 2021년 4월 15일에 태어났어요. 그럼 지금 몇 살일까요?

✌️ 책 면지 탐색하기

① 고추가 무엇을 하고 있나요?
② 고추는 고추장 운동회에서 어떤 역할을 할까요?
③ (속표지를 보며) 고추가 담는 것은 무엇일까요? 고추장을 담아서 무엇을 할 것 같나요?

✌️ 책 내용 탐색하기

① (1번째 장을 읽은 후) 고추들이 운동회 준비로 어떤 일들을 하고 있나요?
② (2번째 장을 읽다가) 작년에는 떡볶이로 운동회를 열었대요. 올해는 무엇으로 열까요?
③ (2번째 장을 읽은 후) 어떤 선수들이 등장할까요?
④ (7번째 장을 보며) 선수단 말고 이 채소들은 누구일까요?
⑤ 관객석에는 누가 있나요? (채소들 사이에 숨어 있는 고기가 있음) 채소들만 가득 있나요?
⑥ (9번째 장을 읽은 후) 올해 고추장 운동회에서는 누가 이길 것 같나요?
⑦ (14번째 장을 읽은 후) 고추장을 두고 어떻게 할 것 같나요? (위에 달걀 있음)
⑧ (14번째 장을 읽은 후) 채소 선수들이 어떻게 할 것 같나요?
⑨ (마지막 장을 읽은 후) 내년에는 어떤 경기로 운동회가 열릴 수 있을까요?
⑩ (이야기가 끝난 후 뒤표지를 보며) 채소들과 고기의 사이가 어떻게 되었나요?

• 삼행시를 만들어요 •

🎈 놀이 도구 활동지, 연필

🎈 놀이 방법
① 그림책에 나온 삼행시와 이행시를 보며 삼행시의 의미에 대해 이야기 나눈다.
② 아이들과 함께 생각을 모아 삼행시를 지어 본다.
③ 원하는 낱말을 정해 나만의 삼행시를 만들어 본다.
④ 자유롭게 내가 만든 삼행시를 친구들에게 소개한다.

> 💡 **놀이 TIP**
>
> ① 각 글자로 시작하는 낱말을 떠올리고 그와 관련된 이야기를 지어 삼행시를 만들 수 있도록 지도해 주세요. 아이가 정한 삼행시 낱말이 '고구마'라면 첫 번째 행은 '고구마가'로 정해요. (예) '구'로 시작하는 낱말이 뭐가 있을까? 구두? 구두가 있네! 고구마가 구두를 어떻게 했다고 할까? 구두를 신었어요. '마'로 시작하는 낱말은 뭐가 있을까? 마차! 좋다~ 고구마가 구두를 신고 마차를 어떻게 할 것 같아? 마차를 타요!
> 완성된 삼행시 : (고)구마가 (구)두를 신고 (마)차를 타요
> ② 말이 안 되는 이야기도 상상해서 만들 수 있다는 것을 알려 주며 격려해 주세요.

🎈 놀이 속 배움과 성장
① 삼행시를 만들기 위해 낱말을 떠올리고 이야기를 만들며 어휘력을 기를 수 있어요.
② 친구들과 함께 삼행시 놀이를 하며 말놀이에 재미를 느낄 수 있어요.

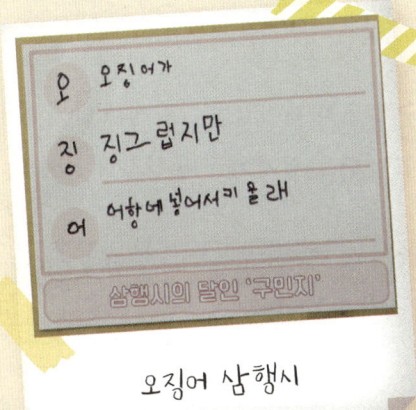
오징어 삼행시

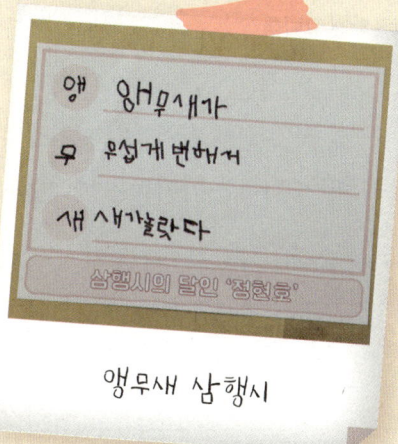
앵무새 삼행시

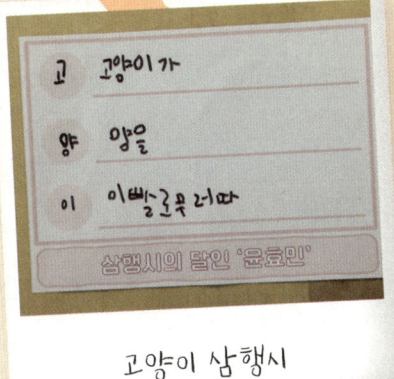
고양이 삼행시

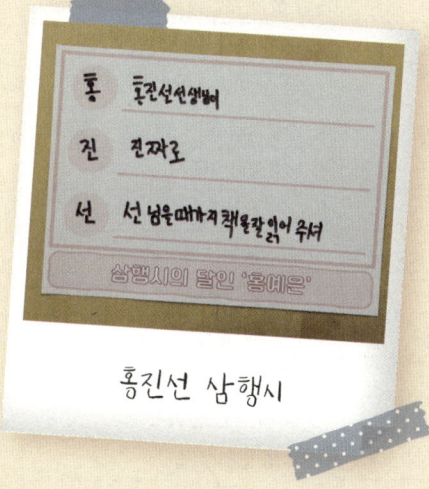
홍진선 삼행시

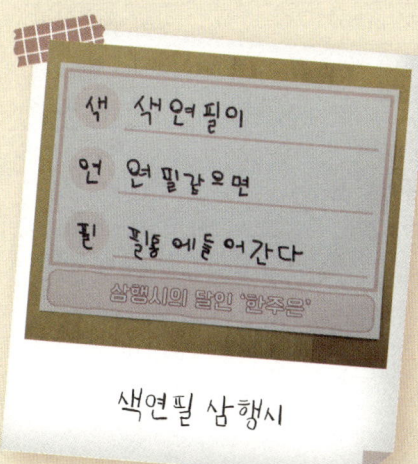
색연필 삼행시

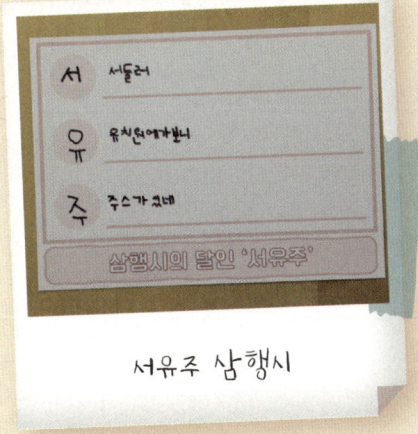
서유주 삼행시

써니쌤의 추천 그림책

한글 놀이를 하기 전에 아이들이 그림책과 친해질 수 있도록 재미있는 그림책을 함께 읽어요! 그림책을 좋아하는 아이들은 한글 놀이를 통해 훨씬 더 즐겁게 배우며 성장할 거예요!

제목	저자	출판사
감기 걸린 물고기	박정섭	사계절
감자의 완벽한 바지	로리 켈러	키즈엠
걱정 상자	조미자	봄개울
그래도 꼭 해볼 거야!	킴 힐야드	책읽는곰
그림을 훔친 범인을 찾아라!	리처드 번	주니어RHK
근데 그 얘기 들었어?	밤코	바둑이하우스
꽁꽁꽁 아이스크림	윤정주	책읽는곰
꽁꽁꽁 좀비	윤정주	책읽는곰
꽁꽁꽁 피자	윤정주	책읽는곰
꽁꽁꽁	윤정주	책읽는곰
나는 뿡, 너는 엉!	존 케인	북극곰
나는 오, 너는 아!	존 케인	북극곰
나랑 놀자!	정진호	현암주니어
나에겐 비밀이 있어	이동연	올리
너희가 똥을 알아?	이혜인	웅진주니어
돌돌 말아 김밥	최지미	책읽는곰
똑똑해지는 약	마크 서머셋, 로완 서머셋	북극곰
문 뒤에 무엇이 있을까?	아그네스 바루치	키즈엠
문어 팬티	수지 시니어, 클레어 파월	천개의바람
변비책	천미진, 이지은	키즈엠
붙여 볼까?	카가미 켄	상상의집
브로콜리지만 사랑받고 싶어	별다름, 달다름, 서영	키다리
비둘기 탐정	메그 맥래런	키즈엠
빵이 되고 싶은 토끼	마루야마 나오	스푼북
사냥꾼을 만난 꼬마곰	앤서니 브라운	웅진주니어
세탁 소동	김지안	시공주니어

소시지 탈출	미셸 로빈슨, 토 프리먼	보림
쉬잇! 다 생각이 있다고	크리스 호튼	비룡소
슈퍼 거북	유설화	책읽는곰
슈퍼 토끼	유설화	책읽는곰
슈퍼 히어로의 똥 닦는 법	안영은, 최미란	책읽는곰
식혜	천미진, 민승지	발견
앤서니 브라운의 마술 연필	앤서니 브라운	웅진주니어
야호! 비다	린다 애쉬먼, 크리스티안 로빈슨	그림책공작소
엉덩이 심판	김지연, 간장	보랏빛소어린이
엉덩이 올림픽	간장	보랏빛소어린이
오! 당근	천미진, 강효진	발견
오싹오싹 당근!	애런 레이놀즈, 피터 브라운	토토북
오싹오싹 크레용!	애런 레이놀즈, 피터 브라운	토토북
오싹오싹 팬티!	애런 레이놀즈, 피터 브라운	토토북
욕심은 그만, 레이스 장갑!	유설화	책읽는곰
용기를 내 비닐장갑!	유설화	책읽는곰
우주로 간 김땅콩	윤지회	사계절
응가 말놀이	김일경	주니어RHK
이 작은 책을 펼쳐 봐	제시 클라우스마이어, 이수지	비룡소
이건 책이 아닙니다	장 줄리앙	키즈엠
이파라파냐무냐무	이지은	사계절
잘했어, 쌍둥이 장갑!	유설화	책읽는곰
집 안에 무슨 일이?	카테리나 고렐리크	올리
코딱지 공주	리주어잉	스마트베어
크레용이 돌아왔어!	드류 데이월트, 올리버 제퍼스	주니어김영사
크레용이 화났어!	드류 데이월트, 올리버 제퍼스	주니어김영사
택배 왔어요!	토 프리먼	키즈엠
툭	이연	한솔수북
티라노사우루스 타임머신	재러드 채프먼	키즈엠
한그릇	변정원	보림
해골이 딸꾹 딸꾹	마저리 카일러, S.D.쉰들러	길벗스쿨
호라이 호라이	서현	사계절
호라이	서현	사계절
휴지가 돌돌돌	신복남	웅진주니어

• 교육과실천이 펴낸 그림책 •

좋은 아침
김준호 글 / 김윤이 그림

아이들에게 아무 것도 해 줄 수 없을 것 같은 무력감에 끝도 없이 슬펐던 선생님의 하루를 묵직하고 따뜻하게 담았습니다. 학교와 세상 여기저기에서 아물지 않은 상처를 지닌 채 살아가는 우리에게 건네는 작은 위로.

좋아서 그런건데 아이와 함께 읽고 나누는 감정 신호등 그림책-01
황진희 글 / 조아영 그림

아이가 다른 사람을 좋아하기 시작했나요? 좋아하는 마음을 표현하는 것에도 올바른 방법이 있습니다. 이 그림책을 통해 '경계선 지키기', '좋아하는 감정 표현하기', '거절하기와 수용하기'를 통해 올바르게 행동하도록 돕습니다.

부글부글 빨간불 아이와 함께 읽고 나누는 감정 신호등 그림책-02
황진희 글 / 권혜상 그림

아이의 마음에 빨간불이 들어오는 순간은 언제일까요? '화, 짜증, 초조함, 약 오름, 속상함, 슬픔, 우울함, 좌절감, 질투…' 이 책을 함께 읽고 아이의 마음을 토닥토닥 어루만져 주세요.

할 수 있어 클로버 아이의 자존감을 키워주는 성장 그림책-01
홀리 휴즈 글 / 닐라 아예 그림 / 그림책사랑교사모임 옮김

변화에 대한 두려움을 이겨내고 당당하게 도전하는 꼬마 애벌레의 이야기를 통해 변화를 싫어하거나 주저하는 아이를 어떻게 도와줄 수 있을지 함께 이야기해 보아요.

우리는 서로가 필요해
벤저민 제퍼나이어 글 / 닐라 아예 그림 / 그림책사랑교사모임 옮김

전 세계인이 사랑하는 벤저민 제퍼나이어의 시와 닐라 아예의 아름다운 그림을 통해 친절과 공동체, 연대로 이어지는 희망의 메시지를 담았다.

잠깐만 아이와 함께 읽는 MBTI 그림책-01
이팅 리 글·그림 / 그림책사랑교사모임 옮김

우리가 잘 아는 '토끼와 거북이'의 이야기를 빌어 성격유형(MBTI)에 따른 장·단점을 파악, 그들의 말과 행동을 통해 내 아이의 성격과 행동을 이해할 수 있도록 돕는 책이다. 부모 및 교사와 함께 읽은 후 아이와 함께 독후활동을 할 수 있도록 질문지와 학습지도 제공한다.

소피아의 화를 푸는 방법
제인 넬슨 글 / 빌 쇼어 그림 / 김성환 옮김

아들러 철학에 기반을 둔 '긍정의 훈육' 창시자이자 이 책의 저자인 제인 넬슨은 이 책에서 화가 나 엉킨 마음을 다른 사람에게 상처 주거나 때리지 않고 건강하고 안전하게 해소하는 방법을 알려준다.

제라드의 우주쉼터
제인 넬슨 글 / 빌 쇼어 그림 / 김성환 옮김

아이 스스로 감정을 조절할 수 있도록 제라드의 이야기를 통해 '긍정의 타임아웃'을 알려준다. 아이 혼자 또는 부모나 교사와 함께 읽으면서 '긍정의 타임아웃'을 이해하고, 이를 활용하여 자기감정을 조절할 수 있는 방법을 깨닫게 된다.